Ein Hauch der Gottheit ist Musik
Gedanken großer Musiker

Ein Hauch der Gottheit ist Musik

Gedanken großer Musiker

Ausgewählt und herausgegeben
von Meinrad Walter

Benziger

Umschlaggestaltung:
GrafikDesign Reckels & Schneider-Reckels, Wiesbaden
unter Verwendung des Bildes «Hommage à Mozart» von Corneille

Illustrationen: Hermann Schelbert

Die Deutsche Bibliothek – CIP-Einheitsaufnahme

Ein Hauch der Gottheit ist Musik :
Gedanken großer Musiker /
ausgew. und hrsg. von Meinrad Walter – 4. Aufl. –
Düsseldorf; Zürich : Benziger 1999
ISBN 3-545-20155-4

4. Auflage 2002

Druck und Einband: Clausen & Bosse, Leck
ISBN 3-545-20155-4

Inhalt

3. *Musik – was ist das?*
Nachdenken über ein unerschöpfliches Rätsel

Vorwort

«Wer Musik nicht liebt, verdient nicht, ein Mensch genannt zu werden; wer sie nur liebt, ist ein halber Mensch; wer sie aber treibt, ist ein ganzer Mensch» (GOETHE).

Daß es bei der Musik auf das «Treiben» ankommt, auf das Musizieren im Sinne des Komponierens und Improvisierens, Einstudierens und Aufführens, wer wollte das bestreiten? Das Musik-Machen, das Spiel der Musik, kennt jedoch eine Begleitung durch Nachdenken und Erzählen, Fragen und Antworten. Dabei werden aus der Erfahrung des Musizierens heraus Gedanken und Einsichten formuliert und weitergegeben, die das Rätsel Musik immer neu umkreisen. Möge es nie gelöst werden!

Die Texte dieses Büchleins stammen von Musikern der Gegenwart, des 20. Jahrhunderts. Die gebotene Vielfalt entspricht der Vielfalt im musikalischen wie im geistigen Bereich. Verwurzelung in traditioneller Kirchlichkeit steht neben kunstreligiösen Ansichten, erzählte Lebenserfahrung neben philosophischen Überlegungen, für «Kenner» Geschriebenes findet sich neben Worten an die «Liebhaber» der Musik. Eine Gemeinsamkeit jedoch hält sich durch: Musik bringt den Menschen zu sich selbst – und sie weist ihn über sich hinaus in jenen Bereich, der mit Worten wie «Transzendenz» und «Ewigkeit» oder poetischen Sätzen wie «Ein Hauch der Gottheit ist Musik» (Justinus Kerner) allenfalls andeutend umspielt werden kann.

Alle Texte haben einen größeren Kontext, der hier

notgedrungen im Hintergrund des Quellennachweises bleiben mußte. Neugier auf die größeren Zusammenhänge zu wecken ist eines der Ziele dieser Sammlung. Diese Neugier könnte aber noch übertroffen werden durch das Interesse am Hören der zu Wort kommenden Komponisten und Interpreten sowie der von ihnen zur Sprache gebrachten Werke. Dabei könnte sich das alte Programm von der Musik als einer Kunst, die belehrt, bewegt und erfreut, als höchst aktuell erweisen.

I

Durch Musik wird der Mensch erst Mensch

Künstler erzählen vom Musizieren

GIDON KREMER

Die Berührung

Die Probe zum Violinkonzert von Brahms in Osnabrück ging zu Ende. Ich befand mich, mit meinem Instrument in der Hand, auf dem Weg zur Bank mit dem Geigenkasten. Da sprach mich eine Frau an, die von einem Kind begleitet wurde. Das Mädchen sollte mir etwas vorlesen. Es begann ein Gedicht auf russisch. Plötzlich nahm ich wahr, daß das reizende junge Geschöpf blind war. Später erfuhr ich, daß es von Geburt an nie das Tageslicht gesehen und das Gedicht nach dem Gehör gelernt hatte. Seine Mutter fragte mich, was ich für eine Geige spiele. «Eine Stradivari», antwortete ich etwas verlegen. «Stell dir vor», sagte sie zum Mädchen, «zum ersten Mal hast du eine echte Stradivari gehört.» Dann wandte sie sich zu mir und fragte, ob ihre Tochter die Geige anfassen dürfe. «Natürlich», sagte ich. Das Mädchen begann tastend mit seinen Fingern über die ganze Geigenfläche zu wandern; mit äußerst sachten Bewegungen, als ob es einen lieben Menschen zu erkennen versuche. Dem Gesicht waren dabei Aufregung und Begeisterung deutlich anzumerken. Die geschlossenen Augen standen dazu in schmerzhaftem Widerspruch.

Noch am gleichen Abend, als ich das Instrument zum Konzert auspackte und die ersten Töne darauf spielte, hatte ich das Gefühl, es sei von einem besonderen Geist beseelt. Das Nachspüren des Violinkörpers offenbarte dem Mädchen ein Geheimnis. Ihre Behutsamkeit übertrug sich auf die Stradivari, die Sehnsucht und Vertrauen an mich weitergab. Der Kontakt war für uns beide mehr als eine Berührung gewesen. Die vielen Obertöne, die sich an diesem Abend im Saal verbreiteten, zeugten von einer besonderen Kraft.

CHRISTA LUDWIG

Ein Augenblick ungeheurer Freude

Der Funke, von dem Goethe sagte: «... verweile doch, du bist so schön», den habe ich ein- oder zweimal erlebt, das ist nur der Bruchteil einer Sekunde. Einmal war das in Salzburg im Hof der Residenz, da wurde «Così fan tutte» gegeben. Das war ganz entzückend. Da trat ich auf, es war ein kleiner Wind, die Bänder von unseren Hütchen flogen so im Wind. Es war acht Uhr, die Glocken von den Kirchtürmen bimmelten, man sah ihre Spitzen über den Mauern, und dazu kamen die Wiener Philharmoniker und Karl Böhm und Mozart. In diesem Moment, wo alles zusammenpaßte, da war der göttliche Funke da, diese ungeheure Freude.

EDWIN FISCHER

Musik als Widerschein göttlichen Lebens

Wie wir Menschen unseren Körper aufbauen, üben, um ihn zu einem geeigneten, gefügigen Instrumente unseres Willens zu machen, so bauen wir Musiker an unserer Technik, unserem Können und Wissen. Wir erlernen Finger-, Hand- und Armbewegungen, Notenlesen, bilden unser rhythmisches Gefühl, stählen unser Gedächtnis, wir hören Künstler, studieren Platten, vergleichen Ausgaben, lassen Musik durch den Funk zu uns fließen; doch dies alles ist nicht das Entscheidende, Letzte; das Letzte, das Geheimnis, ist das Leben, der ewige Erzeuger.

Der Mensch ist so wunderbar gebaut, daß seine feinsten Empfangsgeräte für diese Geheimnisse sorgsam versteckt und meist außer Gebrauch sind. Nur in seltenen Fällen ist in uns der Empfänger jener unendlich abgestuften Skala auf diejenige Welle eingestellt, die ins Wesentliche der Dinge führt. Da heißt es fein stille sein, die Welt, die laute, von sich abtun. Dann kommt plötzlich ein Ton, ein Wort, ein Vogelruf, ein Blick, eine Handbewegung, und die Verbindung, die Offenbarung ist da. «Künstler» ist, wer ein Organ hat für die ungezählten immer neuen Varianten, die aus den urewigen Themen der Natur heraufsteigen; er schildert diese Vorgänge, diese Prozesse in sublimierter Form in Schwingungen des Tones, des Lichtes, des Rhythmus'; im Wechsel der Farbe, der Stimmung, in Linien, Proportionen und geistiger Logik.

So ist Kunst ein entmaterialisierter Widerschein göttlichen Lebens.

BRUNO WALTER

Im einzelnen Ton steckt die ganze Musik

In der meisterhaften Novelle Grillparzers «Der arme Spielmann» lesen wir, wie er diesen demütigsten Anbeter der Musik bei verzücktem, einsamem Musizieren auf der

Geige belauschte; ein einzelner Ton war es, den er immer wieder griff und anstrich, in intensivem An- und Abschwellen genießend aushielt, dann mit der Quart, dann mit der Quint, dann mit der Terz abwechselte und in dieser einfachsten Erzeugung von einzelnen Tönen und gelegentlichem Wechsel augenscheinlich ein tiefes Glück empfand.

Und muß man dem armen Spielmann nicht zugeben, daß der bloße Klang auf bestimmter Tonhöhe – im Gegensatz zu der unbestimmten des gesprochenen Wortes – bereits auf unser Gefühl einwirkt? Selbst der einzelne musikalische Ton, dieser bescheidenste Bote aus der hohen Sphäre der Musik, enthält also ein wenig von der emotionalen Qualität, die wir in ihren Elementen finden und die aus den gewaltigen Werken der musikalischen Schöpfer, zu seelischen Offenbarungen gesteigert, uns entgegenflutet und unsere Herzen erschüttert.

MARIA CALLAS

Erfahrungen auf der Bühne

Meine schönste Erinnerung, das ist das Publikum. Wenn man eine Partie von äußerster Schwierigkeit hat, auch bei einer Melodie von außerordentlicher Poesie – und daran halte ich mich sehr, denn mehr als die Schwierigkeit hebe ich die Stimmung hervor, das, was der Komponist gewollt hat –, dann hört man die Stille, man hört, wie die Menschen den Atem anhalten vor dem Ausbruch. Das sind die schönsten Augenblicke. Die ganze Arbeit, die du daran gegeben hast, die Arbeit der unzähligen Proben, die Ernüchterung, wenn du denkst, du spielst nicht gut, du wirst erschöpft auf der Bühne stehen, sie werden nichts verstehen – und ich, ich habe immer wenig Zutrauen.

Aber wenn man dann sieht, daß das Publikum diese Stimmung aufgefaßt und gespürt hat, das ist der beste Lohn. Und wenn selbst die Bühnentechniker … – also gewöhnlich ist es sehr schwierig, die Techniker in den Kulissen zu fesseln, denn sie tun ihre Arbeit, und dann gehen sie, sie wollen nicht unbedingt zuhören. Und wenn man hinter dem Bühnenbild, wenn man am Ende des Akts abtritt, sie dann noch dort sitzen sieht, sprachlos und ergriffen von der Atmosphäre, das, das sind die besten Erinnerungen.

ALFRED BRENDEL

Was ist geniales Klavierspiel?

Was ist geniales Klavierspiel? Ein Klavierspiel, das richtig und kühn zugleich ist. Seine Richtigkeit gibt uns zu verstehen: so muß es sein. Seine Kühnheit überrascht und überwältigt uns mit der Erkenntnis: was wir für unmöglich gehalten hatten, wird wahr.

An Fischer konnte man lernen, Magie und Metier voneinander zu unterscheiden. Richtiges ist auch dem Könner erreichbar. Zur Kühnheit aber gehört jene Übertragung, die das Publikum in den Bann der Persönlichkeit zieht. Das Persönliche, «das Unmögliche», in Edwin Fischer war, daß sein Spiel aus der Natur eines Kindes kam und zugleich, wenn die Stunde günstig war, alle

Weisheit des erfahrenen Meisters besaß. Kindlich waren seine Wahrhaftigkeit und Unmittelbarkeit, seine unentwegt sich regenerierende Frische des Staunens, seine Freude auch an Spiel, Spaß und Wagemut. (Wie tollte er manchmal mit atemlosem Vergnügen durch ein Mozartsches Allegro!) Den Meister verrieten die emotionelle Wandlungsfähigkeit, die Schönheit ebenso wie die äußerste Verfeinerung des Klanges, die Vision nicht nur, sondern auch die Beherrschung des großen Zusammenhangs. Kind und Meister waren, in Fischers glücklichen Leistungen, eine einzige Einheit; da gab es nichts, was auseinanderstrebte.

Klavierspielen ist eine strenge Disziplin. Das Üben – Klären, Reinigen, Befestigen, Restaurieren des Ablaufs – kann sich gegen den Übenden kehren. Kontrolle kann auf dem Spiel sitzen wie ein Panzer, ein Korsett oder ein gut geschnittener Maßanzug. Sie kann sich im besten Fall aber auch einstellen, als ob sie mit dem Zufall im Bunde sei. Ich kenne keine aufregendere Kontrolle der pianistischen Linie und Nuance, als Fischer sie in seinen Aufführungen des langsamen Satzes aus Bachs f-Moll-Konzert, in den langen Strecken der a-Moll-Fantasie oder in einigen Stücken aus dem Wohltemperierten Klavier erreicht hat (Verächter von Fischers Technik seien an Hand dieser Beispiele energisch zur Ordnung gewiesen!). Doch hat diese Aufregung nichts Einschnürendes – sie befreit. Etwas Undomestiziertes ist bei Fischer noch im zuchtvollsten Spiel. «Im Kunstwerk», sagt Novalis, «muß das Chaos durch den Flor der Ordnung schimmern.» Fischers Ordnung verrät nichts von den Zwängen der Vernunft: sie ist Schöpfung im Stande der Unschuld. Maskiert Kontrolle sich hier, wie beim großen Cortot, als Improvisation? Eher schließt sich der Kreis: das Spiel findet, vom Improvisatorischen ausgehend, auf dem Weg über die feinstregulierte Bewußtheit wieder zur Improvisation zurück.

YEHUDI MENUHIN

Jede Note eine Entdeckung

Wenn man improvisiert, besonders mit ganz großen Musikern wie Ravi Shankar oder Stéphane Grappelli, da ist jede Note eine Entdeckung. Wenn sie niedergeschrieben wären, wäre es nicht so. Man würde es einfach herunterspielen: Ich spiele eine Note, so steht es da! Aber wenn man die Musik improvisiert, dann bekommt sie eine Wahrheit, eine Wichtigkeit, die ganz anders ist, als wenn es gedruckt wäre. Und ich war immer wieder erfrischt. Jede Note erschien auf einmal, als ob man sie unter einer archäologischen Decke von Steinen und Erde wiederentdecken würde. Ein Intervall, eine Quarte, eine Terz, eine Septime ... auf einmal ist alles wie reingewaschen. Es ist etwas ganz Besonderes, diese Intervalle und melodischen Ketten mit Ravi Shankar zu improvisieren. Grappelli konnte nicht zweimal dasselbe spielen. Als wir Aufnahmen machten, habe ich jedesmal dasselbe gespielt, weil ich nicht improvisieren kann. Ich habe es einmal gedacht und erinnert, und das habe ich gespielt. Aber er hat immer ganz anders gespielt. Nicht nur etwas anders – ganz anders.

LUCIANO PAVAROTTI

Vom Glück des Singens

Was das Singen für mich so aufregend macht, ist der Gedanke, daß man nicht nur die Intentionen des Komponisten und nicht nur die Gefühle der Figur, die man darstellt, zum Ausdruck bringt, sondern auch einen Teil des eigenen Wesens, der nicht auf andere Weise zum Ausdruck gebracht werden kann. Die schönste Belohnung ist es doch, andere Menschen glücklich zu machen. Nach meinem Konzert im Central Park im Jahre 1993 schrieb die «New York Times», daß die 500 000 Menschen, die das Konzert erlebt hatten, ihre Probleme vergessen hätten, als sie den Park verließen. Sie waren glücklich, wenn auch vielleicht nur für kurze Zeit. Niemand kann sich vorstellen, wie glücklich mich das macht.

Begeistert von der Orgel

ALBERT SCHWEITZER

«Orgelspielen», sagte mir Charles-Marie Widor einmal auf der Orgelbank zu Notre-Dame, als die Strahlen der untergehenden Sonne in verklärter Ruhe das dämmerige Schiff durchzogen, «heißt einen mit dem Schauen der Ewigkeit erfüllten Willen manifestieren.»

*

CHARLES-MARIE WIDOR

In ihrer uralten Majestät spricht die Orgel wie ein Philosoph: Sie kann als einziges unter den Instrumenten ein unveränderliches Tonvolumen entfalten und damit die religiöse Idee des Unendlichen zum Ausdruck bringen.

*

LOUIS VIERNE

Dies war die Offenbarung. Ich erinnere mich noch sehr genau an diese Messe. Die Orgel spielte ein mystisches Eingangsstück, wie ich es nie zuvor gehört hatte. Ich war erschüttert und von einer Art Ekstase ergriffen. Das verstärkte sich noch zum Offertorium, zu dem sich der Meister (César Franck) länger entfalten konnte. Das so unerwartete und so packende Thema, die so reichen Harmonien, die so subtilen Linien, dieses starke Leben aller Teile ergriffen mich zutiefst. Ich litt in herrlichster Weise und wünschte, dieses Leiden möge für immer fortdauern. Wir hörten das Nachspiel bis zur letzten Note an: Es war eine lange Paraphrase über «Ite missa est», voll lyrischer Beseeltheit, die meine junge Vorstellungskraft in paradiesische Geschehen übertrug, mit Scharen von Engeln, die das Hosianna sangen.

KIM KASHKASHIAN

Musik als Anstoß für Neues und Größeres

Wenn Musik mit Liebe und Hingabe gespielt wird, ist sie unsere Rettung. Denn Musik gehört zu den wenigen Dingen, auf die wir noch hindeuten können, die jeder Mensch erfahren kann. Daß die Viola für mich und vielleicht auch für andere diesen idealistischen Aspekt des Musikmachens symbolisiert, ist dabei zweitrangig. Viel bedeutsamer ist, daß es die Musik ist, die diese verändernde Funktion haben kann. Sie kann uns daran erinnern, daß wir atmende und fühlende Wesen sind, die immer noch mit natürlichen Rhythmen verbunden sind. Das kann man in der Betonwelt-Realität nämlich schnell vergessen.

Auch meinen Studenten versuche ich zu vermitteln, was Ausdruck in diesem Zusammenhang bedeutet, daß Ausdruck atmen heißt, und daß eine Phrase zum Beispiel durch das bewußte Wahrnehmen der Farbe des Nachthimmels mehr an Aussagekraft gewinnt als durch zehn Stunden üben. Man kann die Bratsche nicht mit Willen und physischer Kraft bewältigen, sondern nur durch Atmen und mit Zeit und Geduld. Alle Musiker sollten es als wichtigste Aufgabe ansehen, die Menschen an ihre organische Beziehung zur natürlichen Welt zu erinnern, an eine Verbindung, die fast verloren gegangen ist. Sie sollten Anstöße geben, Neues und Größeres zu denken. Nur darin sehe ich einen Sinn, auf das Podium zu treten und zu spielen. Wenn ich nach einem Konzert fühle, daß das Publikum gegangen ist, ohne sich geändert zu haben, dann habe ich verloren. Wenn ich dieses Ziel nicht hätte, würde ich es vorziehen, nicht zu spielen. Denn dazu ist das Leben eines reisenden Berufsmusikers zu hart und zu einsam.

JOHN ELIOT GARDINER

Musizieren muß spontan sein

Wenn man spielt oder singt, muß man zum Risiko bereit sein und an Grenzen gehen. Wenn es im Musizieren kein Risiko gibt, wird es sehr schwierig. Die beste Interpretation entsteht dann, wenn man sehr gefährlich lebt: an der Grenze dessen, was noch möglich und was nicht mehr möglich ist. Alles andere ist langweilig und hat kein Leben. Und das Publikum soll genau so wach sein wie wir Musiker. Wenn die Leute einschlummern, kann ja nichts passieren. Ich glaube, die größte Gefahr für uns Musiker wie für das Publikum ist der Umstand, daß wir bereit sind, nur eine Formel, ein Schema von Musik, zu akzeptieren. Das kann langweilig bis tödlich sein. Musizieren muß spontan sein.

GLENN GOULD

Klavier und Staubsauger im Duett

Ich übte eines Tages gerade Klavier – ich erinnere mich deutlich, nicht daß das von Belang wäre, daß es eine Fuge von Mozart war, KV 394, für diejenigen, die sie ebenfalls spielen –, und plötzlich fing genau neben dem Instrument ein Staubsauger zu laufen an. Nun, das Resultat war, daß in den lauteren Passagen diese leuchtend diatonische Musik, in der Mozart bewußt die Technik von Sebastian Bach imitiert, mit einem Vibratohof umgeben war, so etwa der Effekt, den Sie bekämen, wenn Sie in der Badewanne singen würden, hätten beide Ohren voll Wasser und schüttelten ganz plötzlich den Kopf. Und in den gedämpften Passagen konnte ich die Töne, die ich machte, überhaupt nicht hören. Ich konnte freilich fühlen – ich konnte die taktile Beziehung zu den Tasten spüren, die erfüllt ist von ihrer eigenen Art von akustischen Assoziationen, und ich konnte mir vorstellen, was ich tat, aber ich konnte es nicht eigentlich hören. Doch das Merkwürdige war, daß das alles mit einemmal besser klang als ohne Staubsauger, und die Partien, die ich überhaupt nicht hören konnte, klangen am besten. Nun, noch Jahre später, und selbst heute, wenn ich mich sehr beeilen muß, mir eine neue Partitur einzuprägen, simuliere ich den Effekt des Staubsaugers, indem ich irgendwelche völlig entgegengesetzten Geräusche so nah an das Instrument heranbringe wie möglich. Es ist gleichgültig, was für Geräusche, wirklich – Western im Fernsehen, Beatles-Schallplatten, nur laut muß es sein –, denn was ich, durch das zufällige Zusammentreffen von Mozart mit dem Staubsauger, habe lernen können, war, daß das innere Ohr der Einbildungskraft ein sehr viel stärkerer Ansporn ist als irgendein Betrag nach außen gerichteter Beobachtung.

Sie brauchen nicht die Exzentrizität meines Experiments zu wiederholen, um zu überprüfen, daß das wahr ist. Sie werden finden, daß das wahr ist, denke ich, solange Sie daran festhalten, sich tief einzulassen in die Vorgänge Ihrer eigenen Imagination – nicht als Alternative zu dem, was die Wirklichkeit äußerer Beobachtung zu sein scheint, nicht einmal als Ergänzung zum positiven Handeln und zum Erlernten, denn das ist nicht die Weise, in welcher die Imagination Ihnen am besten dienen kann. Was sie vermag, ist, als eine Art Niemandsland zu dienen zwischen jenem Vordergrund von System und Dogma, von positivem Handeln, wofür Sie ausgebildet worden sind, und jenem weiten Hintergrund von unermeßlicher Möglichkeit, von Negation, den Sie beständig absuchen müssen und dem Sie nie vergessen dürfen Achtung zu zollen als der Quelle, aus welcher alle schöpferischen Ideen kommen.

ANNE-SOPHIE MUTTER

Ein Hauch, eine Explosion

Dieses Mysterium Musiker läßt sich nicht so leicht enträtseln. Es hat auch viel mit Gedankenübertragung zu tun, gerade auch beim Dirigenten. Man muß in der Lage sein zu fesseln, besonders als Dirigent ist doch der Körper in dem Fall auch das Instrument. Persönlichkeit, die Art der Klangproduktion und die Interpretation lassen sich nicht auseinanderdividieren. Selbstverständlich muß auch der Klang sich verändern mit unterschiedlichen Stilepochen. Obwohl die Persönlichkeit des Künstlers immer spürbar bleiben muß, geht es auch um die Kunst des Weglassens, des Sich-Selbst-Weglassens, wenn nötig. Jetzt sind wir wieder beim «non vibrato», beim Durchscheinenlassen harmonischer Zusammenhänge und senkrechter Klangstrukturen. Es ist der Hauch des selbstgelebten Lebens, der spürbar sein muß. Das, was ich hineinlege, ist viel stärker als die Aussage, die de facto ankommt in der zehnten, fünfzehnten Reihe. Am Schluß ist es ein Hauch, am Anfang eine Explosion.

MICHAEL GIELEN

Wozu gibt es die Oper?

Wenn Kunst das Schmückende ist, was die Leute am Abend nach der Arbeit genießen, um sich zu entspannen, dann ist sie etwas, womit ich nichts zu tun habe. Kunst ist die Möglichkeit des Menschen, Gott zu sein, schöpferisch, nicht so sterblich. Sie ist Ergänzung und Vollendung, geht über den Alltag hinaus, obwohl sie die Realität beinhaltet. Sie ist ein Memento, eine Aufforderung zur Reflexion. Sie ist also immer auch Arbeit. Man kann sich auch als Publikum nicht mit Kunst befassen, ohne sein Scherflein dazu beizutragen, ohne sich selbst zu bemühen. Ist sie nur Ornament, ist sie nicht Kunst, mit Sicherheit. Dann ist das Kunsthandwerk oder sonst etwas. Ich gönne allen Leuten die Entspannung am Abend: aber nicht unbedingt in dem Theater, das ich leite. Der größere Spaß ist doch, selbst mitzumachen, nachzuspüren, was für ein Rätsel von der Bühne aufgegeben wird: ich kenne das Stück gut, und plötzlich interessiert es mich, zum ersten Mal interessiert es mich. Wenn man darauf kommt, hat man als Zuschauer viel gewonnen. Auch ich selbst möchte mich als Zuschauer nicht langweilen.

YEHUDI MENUHIN

Musik weckt Stille und schafft Raum

Das vollkommene Stillschweigen, das ich heilig nennen möchte, ist in erster Linie die Stille in Herz und Geist. Es ist kein gefühlloses Schweigen, auch kein unbarmherziges Schweigen; es ist ein ruhiges, liebevolles, barmherziges, offenes Schweigen, ein Schweigen, in welchem sich unsere innersten Schwingungen, unsere ureigenste Stimme – nicht die, die uns und andere verstellt – den Freunden, der Familie, der Welt überhaupt offenbart.

Nichts stützt die Moral des Demagogen so sehr wie die Verblendung durch den Klang der eigenen Stimme. Er lebt zum Schluß in einer selbstgebastelten kafkaesken Echo-Kammer, die durch Millionen Stimmen schreiender, blinder Anhänger in ihrem Hall verstärkt wird, die ebenso unsicher sind wie er selbst. Wie vernichtend wäre ein Schweigen gewesen, hätte man es den Massen im Sportpalast aufzwingen können, die dem demagogischen Rattenfänger lauschen mußten, damit sie das angsterfüllte Pochen ihrer Herzen hätten hören können, ohne sich in wüstem Gebrüll Luft verschaffen zu dürfen.

Schweigen hat so viele Seiten wie der Lärm. Es kann das Schweigen des Lebens sein – wenn sich eine Blume in der Stille öffnet – oder das Schweigen des Todes. Es kann das Schweigen der Furcht sein – wie willkommen wäre der Klang eines Kinderlachens oder einer schönen Musik in den Ohren eines Gefangenen in Einzelhaft! Und umgekehrt: Wie willkommen wäre die Stille für die geplagte Hausfrau und Mutter, die ständig dem schrillen Gekreisch ihrer Kinder ausgesetzt ist.

Vielleicht sind mir als Musiker jene schweigenden

Stellen bei Beethoven (in der Musik nennen wir sie fälschlicherweise «Pausen») die liebsten, die wie der leere Raum zwischen zwei aufgeladenen Gewitterwolken die Kraft des Blitzes in sich tragen. Oder auch das Schweigen nach einer Aufführung der Bachschen «Chaconne» in einer großen Kirche – ein Schweigen gemeinsamer Verbundenheit und Verehrung. Schöne Musik weckt Stille und schafft Raum.

ALFRED SCHNITTKE

Was heißt Komponieren?

Meine Aufgabe sehe ich nicht darin, Musik auszudenken, zu schaffen, sondern zu *hören.* Es geht darum, mein Ohr nicht zu stören beim Hören dessen, was außerhalb von mir existiert. Die Welt, die von einem Komponisten intoniert wird, existiert irgendwie außerhalb seiner selbst, er kann nur versuchen, mehr oder weniger erfolgreich Verbindung mit ihr aufzunehmen. Und meine Aufgabe besteht darin, mich selbst nicht durch vorgetäuschte Ideen, die dem Kopf entspringen, zu stören; nicht zu vertreiben, was ich höre. Ich strebe danach, mich maximal dem idealen Hören anzunähern, aber ich kann es niemals vollkommen erreichen. Ich wiederhole: Meine Aufgabe ist es, nicht zu verscheuchen, was schon von selbst existiert. Diese Erkenntnis sitzt schon lange in mir: Ich bin nicht Resultat, sondern nur Werkzeug; etwas außerhalb meiner selbst wird durch mich hörbar.

Meiner Meinung nach ist es außerordentlich wichtig, daß ein Komponist spürt: *Ich tue nicht das, was ich will, sondern das, was ich mit Unbedingtheit tun muß.* Und obwohl das mein Werk ist, das in meiner inneren Welt existiert, unterwerfe ich mich ihm wie etwas objektiv Existierendem – sogar losgelöst und *außerhalb* von mir Existierendem. Ich weiß nicht, ob das eine Illusion ist oder nicht, aber mir scheint es immer, daß mich die Musik selbst zu der einen oder anderen Entscheidung nötigt. Ich schaffe sie nicht, denke sie mir nicht aus, sondern entdecke und enträtsele lediglich, was schon in mir ist. Ich bin überhaupt nicht so frei, wie das von außen scheinen mag; ich unterwerfe mich bestimmten inneren Zwängen, die ich – einmal besser, einmal schlechter – zu erkennen und zu erfühlen versuche.

Bei meiner Arbeit fühle ich dauernd das Risiko, das damit verbunden ist, daß ich in ein Gebiet eindringe, wo ich noch nicht gewesen bin. Und gleichzeitig fühle ich die Gewißheit, mich in die richtige Richtung zu bewegen. Deshalb ist jeder Schritt von mir nicht unkontrolliert; er ist nicht das Resultat von Anarchie oder Willkür. Jedes Werk, das sich in mir befindet, hat seine Gesetzmäßigkeiten, seine objektiv existierenden Regeln, die ich intuitiv erfassen und realisieren muß. Genau das bedeutet für mich das Schreiben von Musik.

OLIVIER MESSIAEN

Die Zeit ist ein Raum, der Klang eine Farbe

Alle wissenschaftlichen Forschungen, mathematischen Beweisführungen und biologischen Versuche zusammengenommen haben uns nicht vor der Ungewißheit bewahren können. Im Gegenteil, sie haben unsere Unwissenheit noch vergrößert, indem sie uns immer neue Wirklichkeiten hinter dem zeigen, was man für die Wirklichkeit hielt. Die einzige Wirklichkeit ist in der Tat von anderer Art; sie gehört in den Bereich des Glaubens. Wir können sie in der Begegnung mit Ihm, der anders ist als wir, erkennen. Dazu muß man jedoch durch den Tod und die Auferstehung gegangen sein, was den Sprung aus der Zeit voraussetzt. Es ist recht seltsam, daß uns die Musik darauf vorbereiten kann, als Bild, Widerschein und Symbol. Die Musik ist nämlich ein steter Dialog zwischen Raum und Zeit, zwischen Klang und Farbe – ein Dialog, der zu einer Verschmelzung führt: Die Zeit ist ein Raum, der Klang eine Farbe, der Raum ein Komplex übereinandergelagerter Zeiten, und die Klangkomplexe existieren gleichzeitig als Farbkomplexe. Denkt, sieht, hört und spricht ein Musiker auf der Basis dieser grundlegenden Erkenntnisse, kann er sich bis zu einem gewissen Grade dem Jenseitigen nähern. Denn der heilige Thomas von Aquin sagt: Die Musik trägt uns zu Gott «aus Mangel an Wahrheit», bis zu jenem Tage, an dem Er selbst uns durch «sein Übermaß an Wahrheit» überwältigen wird. Vielleicht ist dies der entscheidende Sinn und auch die richtungweisende Kraft der Musik …

NIKOLAUS HARNONCOURT

Der Mensch mit Hammer und Geige

Ich sehe den Menschen, dem Gott in die eine Hand einen Hammer, in die andere eine Geige gelegt hat. Er lebt sehr glücklich, er sieht: mit dem Hammer kann er seine materiellen Bedürfnisse befriedigen, und er fühlt, daß ihm die Geige eine Welt jenseits der Sprache, jenseits der Logik erschließt, eine Welt, wohin er mit dem Hammer nicht kommen kann – die Geige erst macht ihn zum Menschen. Es gibt aber einen Teufel, der heißt Materialismus, der haßt die Geige; leicht läßt sich der Mensch verführen, der Hammer baut ihm Bequemlichkeit, Luxus, Ordnungssysteme. Er verlernt zu spielen und zu geigen, er vergißt das Gottesgeschenk der Kunst … und am Ende sitzt er zwischen seinen Computern, weiß, wie es auf dem Mars und im Innern eines Atoms aussieht – aber er ist kein Mensch mehr, ohne Geige.

2

Weil es Mozart gegeben hat, scheint die Sonne heller

Von Komponisten und ihren Werken

PETR EBEN

Die Demut des Gregorianischen Chorals

Das, was mich am gregorianischen Gesang oft ergreift, ist – neben dem Inhalt – seine augenscheinliche Demut. Hier kennt der Komponist noch keinen Ruhm, hier arbeitet er wie jeder andere – inmitten einer Gemeinschaft, der er dient, anonym und ohne Originalitätsansprüche.

Ein Zauber des gregorianischen Gesanges ist auch der Puls des langsameren Jahrhunderts. Die Hektik unserer Zeit hat auch in die Musik eine gewisse Atemlosigkeit und Hast hineingetragen, wir ergehen uns im schnellen Tempo und vertragen ausgedehnte Flächen nicht mehr. Man schreibt nicht mehr so sehr an stundenlangen Sinfonien, sondern an solchen, die nur Minuten dauern (wie Darius Milhaud), man liest nicht mehr Romane von fünfhundert Seiten. Das Feld beherrschen Novellen, Kurzgeschichten, alles muß möglichst kurz sein. Und gerade deshalb wird auf uns ein solch beruhigender Eindruck ausgeübt, wenn wir plötzlich in einen musikalischen Freiraum geraten, der, aus dem Nichts kommend, sich nirgendwo hinneigt, sondern am Ort stillsteht; eine Musik, die sich gleichsam wie im Kreis bewegt – und, sobald wir ihn betreten, die Zeit anhält und unsere Unruhe stillt.

*

Es gibt keinen anderen Bereich, der so wenig Druck, Überzeugungsarbeit und Zwang verträgt wie der Bereich des geistlichen Lebens.

ALBERT SCHWEITZER

Bekenntnis zu Johann Sebastian Bach

Was mir Bach ist? Ein Tröster. Er gibt mir den Glauben, daß in der Kunst wie im Leben das wahrhaft Wahre nicht ignoriert und nicht unterdrückt werden kann, auch keiner Menschenhilfe bedarf, sondern sich durch seine eigene Kraft durchsetzt, wenn seine Zeit gekommen. Dieses Glaubens bedürfen wir, um zu leben. Er hatte ihn. So schuf er in kleinen engen Verhältnissen, ohne zu ermüden und zu verzagen, ohne die Welt zu rufen, daß sie von seinen Werken Kenntnis nähme, ohne etwas zu tun, sie der Zukunft zu erhalten, einzig bemüht, das Wahre zu schaffen.

Darum sind seine Werke so groß, und er so groß als seine Werke. Sie predigen uns: stille sein, gesammelt sein.

Und daß der Mensch Bach ein Geheimnis bleibt, daß wir außer seiner Musik nichts von seinem Denken und Fühlen wissen, daß er durch keine Gelehrten- und Psychologenneugierde entweiht werden kann, ist so schön. Was er war und erlebt hat, steht nur in den Tönen. Es ist das Erleben aller derer, die wahrhaft leben: Lebensfreude und Todessehnsucht, unvermittelt eins in einem reinen Willen. Die, welche ihn verstehen, wissen nicht, ob es seine Realistik oder seine Mystik ist, die sie so ergreift.

Es liegt etwas so unendlich Lebendiges und unendlich Abgeklärtes in seiner Stimmführung. Das ist keine Technik mehr, sondern Weltanschauung, ein Bild des Seins. Jede einzelne Stimme ein Wille, eine Persönlichkeit, alle frei, in Freiheit sich begegnend, sich meidend, sich hassend, sich liebend, sich helfend und zusammen etwas einheitlich Lebendiges, das so ist, weil es so ist.

Eine Partitur Bachs ist eine Manifestation jener Urmacht, die sich in den unendlichen ineinanderkreisenden Welten offenbart.

HELMUTH RILLING

Bachs Musik damals und heute

Johann Sebastian Bach schrieb seine Musik für die Hörer seiner Zeit. Es waren die Menschen, die im Schiff oder auf den Emporen der Thomas- oder auch der Nikolaikirche saßen. Sie waren zum Sonntags-Gottesdienst gekommen, hatten die einleitende Liturgie mit vollzogen und die ihr verbundene Musik gehört. Sie hatten selbst als Gemeinde Choräle gesungen und warteten nun auf Bachs Kantate. Sie waren jeden Sonntag in der Kirche und wußten, daß Bach mit seiner Musik zu den Themen und Texten des jeweiligen Sonntags im Kirchenjahr etwas sagen würde, so wie es nach der Kantate der Prediger von der Kanzel mit seinen Worten zu tun hätte. Bach kannte diese Erwartungshaltung und fühlte sich ihr verpflichtet, vor allem in seinen Leipziger Anfangsjahren, wo für jeden Sonntag eine neue Kantate entstand. Und er wollte mit seiner Musik den Menschen etwas Wichtiges sagen, diese Menschen erreichen, anregen, belehren, erschüttern.

Nun sitzen wir nicht im Gottesdienst der Thomaskirche von 1723. Wir sind Menschen unserer Zeit. Wir wissen, denken, empfinden und hören völlig anders. Aber Bachs Sprache, seine Musik, vermag die Distanz von Jahrhunderten zu durchbrechen. Sie sagt etwas zu Themen, die auch heute aktuell sind, etwa in den Passionen zu Haß, Liebe und Furcht, zu Macht und Intrigen, zu enttäuschter Erwartung, Verrat, Reue, Verzweiflung, zu Leiden, Sterben – aber auch zu Hoffnung und Sehnsucht auf Erlösung. Und wir heutigen Menschen erfahren Bachs musikalische Sprache als eine gewaltige Rede, die uns erreicht, bewegt, bereichert und zum Nachdenken zwingt. Nur deshalb hören wir seine Musik, nur deshalb führen wir sie auf.

TON KOOPMAN

Ich wäre froh, diesen Mann einmal persönlich kennenzulernen

Letztlich sind wir doch nur Bachs dumme Schüler, und da soll man sich um seine Stücke wirklich bemühen und mit den richtigen Mitteln deutlich machen, was gemeint war. Ein Komponist wie er kann sich heute nicht mehr verteidigen. Wenn ich ihn falsch verstehe, dann darf das höchstens in Kleinigkeiten sein, aber nicht in wesentlichen Dingen. Wenn ich sehe, wie traurig Bachs Musik manchmal sein kann, dann hoffe ich, daß das bei meinen Konzerten und Aufnahmen auch zu spüren ist. Umgekehrt soll man hören, daß diese Musik ungebremsten Spaß machen kann. Bach war ein Virtuose, der mit Händen und Füßen unglaublich schnell spielen konnte, und ich meine, man soll in dieser Hinsicht nicht Calvinist sein, sondern mit großer katholischer Freude Musik machen, dann aber im rechten Moment auch wieder eine wirkliche Träne im Auge haben.

Ich habe vor kurzem ein Konzert im Leipziger Rathaus gegeben, und in meinem Umkleidezimmer hing ein Bild von Bach. Ich dachte mir: Ich werde in den nächsten zehn Jahren einen Großteil meines Lebens geben für einen einzigen Komponisten, für tolle Musik, die er geschrieben hat. Und dann blickte ich auf das Porträt und überlegte mir, mit wem man besser ein Glas Wein trinken könnte, mit Bach oder mit Mozart. Mit Mozart natürlich! Aber wenn man Bach genau anschaut – ich hatte eine Stunde Zeit und habe geschaut und geschaut und geschaut –, dann weiß man, daß man mit ihm sehr, sehr gut befreundet sein könnte, auch wenn es sicherlich nicht einfach wäre. Ich wäre froh, diesen Mann einmal persönlich kennenzulernen, und ich hoffe, daß er dann seine Hand auf meine Schulter legen und mir sagen würde: «Koopman, du hast dich redlich um meine Arbeit bemüht, und ich bin nicht wirklich unzufrieden.»

HANS WERNER HENZE

Mozarts Musik – die Entrückung selbst

Ein Gedanke an Mozart: Kann man das Unbegreifliche mit Worten berühren? Muß nicht alles Reden verstummen vor diesem höchsten und erhabenen Klang, der ein Etwas hat, das sich in dem Maße verflüchtigt und zurückzieht, wie man glaubt, sich ihm zu nähern?

Da gibt es nichts zu deuten, nichts zu erklären, und es scheint selbst schwierig, überhaupt zu beschreiben, worin dieser einfachste und anspruchsvollste Charme beruht, der die Welt nun schon seit zwei Jahrhunderten verzaubert.

Der herabgestiegene Gott. Apollo. Hier ist die Reinheit, das Geglückte. Hier ist die reine Begeisterung des Geistes, die Überwindung der Schwerkraft. Nichts Revolutionäres: alles Vorhandene wurde mit leichter Hand entfremdet und erhöht. In seinem zeitlich so begrenzten Aufenthalt auf dieser Erde hat er die steifen zerebralen Mechanismen, die Sprachmittel seiner Epoche, bis zum Zerbrechen gespannt und ihrem Ende nahegebracht, mit den feinsten, herbsten, tiefsten und höchsten Klängen, die ein menschliches Ohr vernommen hat, dem Leichtesten und Schwermütigsten – mit dem schweren, nachtstückehaften, süßen Wohllaut der Bläsersätze, mit unendlich feinem Muskelspiel der Streicher, den vollkommensten Vokalensembles, mit hellen triumphierenden Trompeten und Pauken.

Was triumphiert? Das Leben über den Tod? Der Tod über das Leben? Es ist der antike Triumph der Schönheit über das Unzulängliche, da das Unerreichbare erreichbar wurde, Vollkommenheit sich über das Leben erhebt mit dem Flügelschlag des apollinischen Todes. Die Form berauscht sich an sich selbst: Das Menschlichste, Humanste, was die Musik hervorgebracht hat, wie man sagt, wird von Schwäche, dem Menschlichen an sich, niemals berührt: Da, wo es scheint, daß Menschliches vorgeht, ist es doch wieder die Form an sich, die Musik selber, die den Rausch empfängt, die das Menschliche auffängt, abfängt, abrückt in die schönste Erhöhung, in die glücklichste Form – und vielleicht ist es gerade deswegen, daß so viel Freude sich ausbreitet, weil diese Musik gegen das Sterbliche so ganz abgeschirmt, weil sie die Entrückung selbst ist.

GÜNTER WAND

Eine kostbare Medizin

Was mich als jungen Mann bereits zu Mozart hingezogen hat, ist sicherlich die Zurücknahme alles Persönlichen in seiner Musik, die ja deshalb keineswegs emotionsarm ist, im Gegenteil! Und je älter ich werde, desto überwältigender empfinde ich diese Reinheit, diese absolute Natürlichkeit der Musik Mozarts, die man nicht erklären kann, die auch in ihrem Metrum biologisch «richtig» ist.

Im Mozart-Jahr 1956, zum 200. Geburtstag, hat es die Umfrage einer Schweizer Zeitung gegeben: «Was bedeutet Mozart für Sie?» Meine Antwort war, wie ich heute finde, etwas allzu jugendlich-romantisch geprägt: «Weil es Mozart gegeben hat, scheint die Sonne heller, und der Himmel ist blauer.» Auch aus meiner heutigen Sicht ist diese sehr emotionale Antwort nicht falsch, aber sie wird natürlich dem Phänomen Mozart nicht gerecht. Ich weiß nicht, wie ich das ausdrücken soll. Es ist mir rätselhaft, wie ein Mensch, der nur 36 Jahre alt geworden ist, ein solch gewaltiges Œuvre hinterlassen kann. Wenn ich mir nur die Schreibarbeit vorstelle …

Für mich ist die Existenz eines solchen Phänomens wie Mozart eine Art Gottesbeweis. Und ich meine, daß ich das sagen darf, weil ich es wirklich so empfinde, obwohl der heutige Zeitgeist für Bewertungen, die ins Religiöse gehen, nicht gerade ein geeigneter Nährboden ist.

Ich vermag überhaupt keine Verbindung zu sehen zwischen Mozarts kurzem irdischen Leben und den unglaublich vielen «fertigen», in jeder Hinsicht vollendeten Werken, die er hinterließ. Der Schaffensvorgang bei ihm ist für mich, je älter ich werde, ein immer größeres Geheimnis. Ein Mensch aus eigener geistiger Kraft oder aus eigenem, noch so hohem ethischem Anspruch allein schafft das nicht. Für mich sind das unerklärbare Dinge, so unerklärbar wie die Schönheit und Reinheit bestimmter Formen der Natur – wie Felder und Wiesen und die kleinen Blumen am Rand eines Kornfelds. Warum macht mich das Anschauen einer Wiesenblume so glücklich? Wozu ist sie da? Das greift alles ineinander und geht für mich in die tiefsten Glaubensfragen über, die jeder für sich selbst beantworten muß.

Je älter ich werde, desto mehr scheue ich mich vor solchen Bekenntnissen, weil man sich damit nur Mißverständnissen aussetzt. Wenn man in unserer Zeit solche Dinge ausspricht, läuft man Gefahr, belächelt zu werden. Deshalb fällt es mir schwer, mich dazu zu äußern. Manchmal denke ich: Sag's nicht! Die es angeht, die wissen es, und die es nicht wissen, werden es wahrscheinlich auch nicht erkennen, und wenn man noch soviel darüber spricht. Mach Musik, so gut du kannst, und das andere behalte für dich und rede nicht darüber!

«Es gibt mehr Ding' im Himmel und auf Erden, als Eure Schulweisheit sich träumt», sagt Shakespeares Hamlet zu Horatio. Das hat mich schon in meiner Jugendzeit fasziniert. Zu diesen Dingen, die sich der Beschreibung entziehen, gehört für mich eben auch Mozarts Musik, diese unglaubliche Beseligung, die sie zu geben vermag. In schwierigen psychischen Situationen kann sie wie eine kostbare Medizin wirken.

EDWIN FISCHER

Ein Hauch vom Geiste Beethovens

Unter Bachs Klavierwerken finde ich solche für Orgel, für Geige, Gesang, Orchester, für Spinett, ja für ein Instrument, das es nicht gibt: ein Instrument, das der algebraischen Formel gleich «Musik an sich» ausdrücken würde. Konzentriertester Extrakt musikalisch logischen Denkens.

Ebenso Beethoven! Welche Herrlichkeiten hat er dem Klavier anvertraut, ganze Sinfonien, Streichquartette, Orgelstücke, Ariosos, Chorsätze, Rezitative, Streicherfugen und spezifisch Klavieristisches – er schrieb dies alles für Klavier. Und welche Lust und Beglückung bot er damit dem Spieler! Hier bleibt für den Reproduzierenden etwas zu tun übrig, er muß erraten, färben, Schauspieler sein, das Orchester mit der Orgel vertauschen, Pianist, Sänger, Streicher, alles in einer Person sein! – Ist es da ein Wunder, daß durch die Beschäftigung mit dieser Musik die großen Klavierspieler entstanden?

Und wie gelangt man zu Beethovens eigenstem Musizieren? Man hole die Werke, in denen er am meisten urschöpferisch war, hervor, jene verhältnismäßig unbekannten Stücke, in denen er sich im Momente des Schauens, Schaffens zeigt, die seinen Improvisationen gleichende Fantasie op. 77, die Bagatellen, bei denen er für jedes ein anderes Instrument benutzt, und vor allem die Diabelli-Variationen. Nie hat ein Komponist so umfassend Welten zusammengetragen, Zeiten vorausgeahnt, wie Beethoven in diesen Werken. Hier ist in dreiunddreißig Veränderungen ein Abriß gegeben, welche Möglichkeiten das Klavier hat und wie ein Genie es lebendig macht.

Ehren wir sein Gedächtnis, nicht durch peinliche Tradition – die versteinerte Maske vom Antlitz des einst Lebendigen –, sondern Feuer von seinem Feuer, und sei es auch nur ein schwacher Abglanz wie das ferne Leuchten eines Millionen Lichtjahre entfernten Sternes – aber eines Sternes, der noch eigenes Licht hat – jung und schöpferfroh ist. Denn die beste Art, für Beethoven heute zu wirken, ist die, zu versuchen, durch intensives Studium seiner Werke sich seiner idealen, göttlichen Denkweise, seinem erhabenen Geiste zu nähern und nachher bei der Reproduktion durch treueste Hingabe einen Hauch dieses Geistes lebendig werden zu lassen.

DIETRICH FISCHER-DIESKAU

«Von Herzen – möge es zu Herzen gehen»

Völlig neu konzipierte Beethoven die Messe. Schüttelte schon der Auftraggeber Fürst Esterházy über die feine Messe in C-Dur den Kopf, deren sich die Chorvereine intensiver annehmen sollten, so blieb die «Missa solemnis» in D-Dur bis heute das Staunen der Welt. Zur Inthronisation eines erzherzoglichen Schülers als Fürstbischof gedacht, wuchs sie dem Meister nicht nur, wie bei Bach, über die Grenzen der Konfession hinaus, sondern hob sich über alle Kirchenmauern hinweg zum persönlichen Bekenntnis. Chor und Solisten dürfen sich mit dem Messetext in die symphonische Sprache einmischen.

«Von Herzen – möge es zu Herzen gehen»: Mit dieser anrührenden Widmung ist schon angedeutet, mit welchen Mitteln der Ekstatik, des Stammelns, der sanften Linie, des Verzweiflungsschreis sich die Stimmen dem instrumentalischen Müssen Beethovens zu fügen haben, einem innigen Gebetshymnus, den der furchtbar Einsame namens der ganzen Menschheit singt.

MARTIN MUMELTER

Glück und Unglück in Franz Schuberts Liedern

Auch in Kunstwerken läßt sich die Auseinandersetzung mit dem Prinzip von Spaltung und Ganzheit finden – nicht nur in ihrer Struktur, sondern auch als Thema. «Dort wo du nicht bist, dort ist das Glück», heißt es in Schuberts Lied «Der Wanderer». Eine niederschmetternde Äußerung! Aber wer kennt nicht solche Situationen: Man sitzt an einem Bergeshang, und drüben, auf der anderen Talseite, in paradiesischer Landschaft, sieht man Menschen. Und man denkt: «Dort drüben ist das Glück.» Die drüben aber blicken zu mir herüber, sehen mich jenseits der Schlucht mit dem rauschenden Bach, nachdenklich hingelagert im Schatten eines Baumes, in paradiesischer Landschaft. Und sie denken ebenfalls: «Dort drüben ist das Glück.» Solche Gespaltenheit kann ein ganzes Dasein quälend durchziehen ...

Wie verbreitet dieser unglückliche Zustand ist, läßt sich daran ermessen, daß Themen wie ‹Getrenntsein› oder ‹Sehnsucht› (und damit Gespaltenheit) unerschöpfliches Interesse finden, von der Trivialliteratur bis zur Hochkunst.

Ein anderes Lied von Schubert verweist auf eine Möglichkeit des Entkommens: «Du holde Kunst ... hast mich in eine bessre Welt entrückt, ... den Himmel bessrer Zeiten mir erschlossen.» Die Wertung dieses Liedes als Dokument biedermeierlicher Weltflucht wäre zu oberflächlich. Wo die holde Kunst bloß als Mittel gesehen wird, für eine Weile des Lebens grauen Stunden zu entrinnen, hat sie schon ausgespielt, sie dient bloß der Verdrängung. Musik aber – vielleicht wie jede wahre Kunst – strebt eher nach Bewältigung. In ihrem Mikrokosmos können sich Hüben und Drüben zur Einheit fügen. Das enge Ich wird «entrückt» in eine bessere Welt; Gestern, Heute und Morgen fügen sich zum «Himmel bessrer Zeiten». Die Schöpferkraft des Künstlers, vereint mit der des Rezipienten, heilt die Kluft; ein vertrautes, und dennoch zutiefst erstaunliches, paradoxes Phänomen kann sich einstellen: Wir hören die Worte «Dort, wo du nicht bist, dort ist das Glück», und wir erleben dabei – Glück.

HELMUTH RILLING

Anton Bruckners Frömmigkeit

Keine Kirchenmusik ist so «fromm» wie die Anton Bruckners. Wenn ich sie musiziere, sehe ich ihn vor mir, auf den Altarstufen kniend, ergriffen vom «Schauder des Heiligen».

In ehrfürchtiger Demut vermag er – wie kein anderer – mit seiner Musik Majestätisches und Visionäres Klang werden zu lassen, vermag er dem Mysterium des Glaubens nachzuspüren. Und immer ist er dem Kirchenraum verbunden, spricht mit der gregorianischen Sprache ihrer Liturgie.

In beiden Messen (e-Moll und f-Moll) geht Bruckner dem Phänomen des Majestätischen, der «gloria patris», gleichermaßen mit ekstatischen Klangausbrüchen nach. In beiden Werken kontrastiert er dies mit Demut und der Inbrunst des «miserere nobis».

In beiden Werken entwickelt er aus dem Pianissimo des «sepultus est» mit gewaltigen Crescendi die Vision der Auferstehung und des Weltgerichts.

«Et incarnatus» und «Benedictus» sind für ihn Texte, die rational nicht Faßbares, das Mysterium nennen. Beinahe verzückt schreibt er dazu meditative Musik mit oftmals nicht vorausahnbaren harmonischen Wandlungen.

Bruckners Fugen, im 150. Psalm wie in den beiden Messen, sind eigenartige Gebilde. Auf kantige Themen geschrieben, wirken sie gedrungen, ja beinahe erzwungen, so als wolle ihr Schöpfer trotzig die Gewißheit ihrer Texte durchsetzen.

Anders als im Psalm und den beiden Messen ist die Schlußfuge des «Te Deum» ein groß angelegter Satz. Ihr Text «In te, Domine, speravi, non confundar in aeternum» wird mehrfach durchgeführt. Wenn dann nach gewaltigen harmonischen Rückungen der mächtige und langgehaltene C-Dur-Akkord erklingt, scheint sich der Himmel über dem vor dem Altar Knienden zu öffnen.

OTTO KLEMPERER

Wie ich Alban Bergs Violinkonzert erlebte

In Hietzing wohnte Alban Berg, in der Trautmannsdorffstraße. Und als ich das letzte Mal an einem schönen Sommernachmittag des Jahres 1935 bei ihm war und er mir seine Oper «Lulu» vorspielte, hatte er das Violinkonzert noch nicht geschrieben. Wie konnte ich ahnen, daß dieses Werk sein Requiem werden sollte, das zugleich das Requiem für einen anderen Menschen war, den und dessen Welt ich gleichfalls sehr gut kannte: der traumhaft schönen, blutjungen Manon Gropius, die ich im Hause Mahler auf der Hohen Warte kennengelernt hatte. Ganz blaß und still sah ich sie vor mir in dem berühmten Zimmer, dessen Wände Glasvitrinen sind, hinter deren Scheiben die Manuskripte Mahlers aufbewahrt werden.

Und dann sah ich Berg, der hier ebenso zu Hause war wie bei sich in Hietzing und in der freien Kärntner Landschaft am Wörthersee, wo er die Volksweise, einen echten Kärntner Ländler, hörte, mit dessen Klängen er das frische, urwüchsige Wesen des Mädchens identifizierte. Dieser Ländler ist verwoben in die Partitur des Violinkonzertes, das in einer ungeheuren Steigerung gipfelt. Und an diesem Höhepunkt fand ich: Hier tritt der Tod in grauenvollste Erscheinung.

Der Tod aber bedeutet niemals ein Ende. Denn jetzt erst beginnt der zweite Satz mit einem Bachschen Choral: «Es ist genug! Herr, wenn es Dir gefällt, so spanne mich doch aus! Mein Jesus kömmt! Nun gute Nacht, o Welt! Ich fahr ins Himmelshaus. Ich fahre sicher hin mit

Frieden, mein großer Jammer bleibt danieden! Es ist genug, es ist genug!»

Wie nun dieser Choral variiert wird, wie aus der Geige Laute kommen, die dem Instrument selbst eine ganz neue Welt erschließen, wie zum Schluß die Musik den ganzen Kosmos von der tiefsten Tiefe bis zur seraphischen Höhe zu umspannen scheint, das habe ich in Los Angeles erlebt, dicht bei Hollywood, wo meine Musiker oftmals in den Ateliers acht Takte einer läppischen Melodie fünfzigmal zu den Schritten eines Tanzgirls im Schein der Jupiterlampen wiederholen mußten. Wochen- und monatelang trage ich das nun alles in mir. Und nun, in wenigen Tagen, soll Alban Bergs Musik, gespielt von dem wunderbarsten Orchester des europäischen Kontinents, den Wiener Philharmonikern, Ereignis werden. Demütig und beglückt erwarte ich diesen Augenblick.

BENJAMIN BRITTEN

An die Hörer Neuer Musik

Werft nicht gleich die Flinte ins Korn, wenn Ihr ein neues Werk zum erstenmal hört. Es gibt wenig Werke, die man sofort verstehen kann. Denkt daran, Musik ist durchaus keine leichte Unterhaltung, wenn das auch bei einem großen Teil der leichten Musik der Fall ist. Gebt Euch beim Hören keinen Wach-Träumen hin. Hört ernsthaft zu, wenn Ihr glaubt, daß es sich um Musik handelt, die Euch eines Tages etwas bedeuten wird. Ich fürchte, vielen Leuten gefällt Musik nur deshalb, weil sie beim Hören in ihnen bestimmte Vorstellungen weckt. Sie stellen sich prachtvolle Landschaften vor mit Wäldern und wogenden Bäumen oder sie sehen sich selbst in irgendwelchen romantischen Situationen. Vielleicht macht ihnen das Spaß, aber es ist nicht die Musik, die ihnen Freude bereitet, sondern es sind die Assoziationen, die die Musik in ihnen hervorruft. Wirkliches Erleben, wirkliche Freude im Hören gehen wesentlich tiefer: Die Melodie, die wir in uns aufnehmen oder um ihrer selbst willen lieben, der Rhythmus, der uns mitreißt, die Harmonien, die uns eben als Harmonien faszinieren, die restlose Befriedigung, die ein schön gefügtes Stück uns gibt. Das alles an sich sind Dinge, die ein guter Komponist Euch bietet. Der gute Zuhörer ist bereit, sie als solche aufzunehmen.

ARNOLD SCHOENBERG

Vorwort zu Anton Weberns «Sechs Bagatellen für Streichquartett op. 9»

So eindringlich für diese Stücke die Fürsprache ihrer Kürze, so nötig ist andrerseits solche Fürsprache für eben diese Kürze.

Man bedenke, welche Enthaltsamkeit dazu gehört, sich so kurz zu fassen. Jeder Blick läßt sich zu einem Gedicht, jeder Seufzer zu einem Roman ausdehnen. Aber: einen Roman durch eine einzige Geste, ein Glück durch ein einziges Aufatmen auszudrücken: solche Konzentration findet sich nur, wo Wehleidigkeit in entsprechendem Maße fehlt.

Diese Stücke wird nur verstehen, wer dem Glauben angehört, daß sich durch Töne etwas nur durch Töne Sagbares ausdrücken läßt.

Eurer Kritik halten sie sowenig stand wie dieser und wie jeder Glaube.

Kann der Glaube Berge versetzen, so kann dafür der Unglaube sie nicht vorhanden sein lassen. Gegen solche Ohnmacht ist der Glaube ohnmächtig.

Weiß der Spieler nun, wie er diese Stücke spielen, der Zuhörer, wie er sie annehmen soll? Können gläubige Spieler und Zuhörer verfehlen, sich einander hinzugeben?

Was aber soll man mit den Heiden anfangen? Feuer und Schwert können sie zur Ruhe verhalten; in Bann zu halten aber sind nur Gläubige.

Möge ihnen diese Stille klingen!

Mödling, Juni 1924 *Arnold Schoenberg*

FRANK MARTIN

Musikalische Friedensgedanken

Schon zu Beginn des Sommers 1944, als der Krieg noch andauerte, bat mich Herr René Dovaz, Direktor des Radios Genf, ein Chorwerk zu schreiben, das unmittelbar nachdem das Ende der Feindseligkeiten verkündet worden wäre, gesendet werden sollte. Selbstverständlich konnte es nur ein religiöses Werk sein. Diese Bitte erfüllte mich mit Freude, aber noch mehr vielleicht mit Angst. Denn ich mußte nicht nur die Vorstellung von Krieg und

Frieden und den Ausdruck allen Leidens und aller Freude vor Augen haben, sondern auch das Gefühl der Völker im Augenblick dieser ungeheuren Erleichterung, dieses momentanen Rausches, die diese ganz wunderbare Nachricht verursachen mußte.

Ich glaube nicht, daß ich, während ich dieses Oratorium komponierte, jemals irgendwelche Illusionen über die Art des Friedens hatte, der dem Ende des Krieges folgen würde. Aber dieser Mangel an Illusion konnte mich nicht an dem Versuch hindern, den Übergang von tiefster Verzweiflung zur Hoffnung auf eine leuchtendere Zukunft auszudrücken. Und das bedeutete dann, daß ich in den Worten Christi die absolute Forderung nach Vergebung – wie sie in seiner Lehre enthalten ist – aussage, ohne die ein wirklicher Friede unfaßbar ist. Aber diese Forderung ist so hoch, daß ihre allgemeine Verwirklichung auf Erden ohne das Wunder einer vollständigen Umwandlung des menschlichen Denkens und Fühlens nicht vorstellbar ist. So kann für uns ein wahrer Friede nur eine Hoffnung, eine Bestimmung, ein Glaube sein, eine Brücke, die in eine unsichere Zukunft geschlagen wird, eine Zukunft, die wir uns aber schon vorstellen müssen, wenn wir auch an ihre materielle und irdische Verwirklichung nicht glauben können.

Die Probleme, die Krieg und Frieden aufwerfen, sind ewig. Es gibt nicht nur militärische Kriege, und ist Friede nicht eine ständige Sehnsucht unserer Seelen?

Eine Oper über Franz von Assisi

Diese Oper über Franz von Assisi («Saint François d'Assise») ist wohl mein reichhaltigstes Werk, jedenfalls eine Synthese meiner musikalischen Entdeckungen und, was noch wichtiger ist, der für mich noch nie dagewesene Versuch, meinen katholischen Glauben durch ein Thema, das dessen Hauptmysterien behandelt, zum Ausdruck zu bringen. Ich bin mir vollkommen darüber im klaren, daß es ein kühnes Unterfangen ist, Bild für Bild das langsame Eingehen der göttlichen Gnade in die Seele eines unserer größten Heiligen beschreiben zu wollen! Es handelt sich um ein ganz nach innen gerichtetes und dennoch lichtvolles Drama: Ich wünsche mir, daß das Publikum genauso wie ich davon geblendet wird. Fast alle Vogelstimmen, die ich im Laufe meines Lebens notiert habe, kommen darin vor, alle meine Akkordfarben, alle meine harmonischen Wendungen und sogar überraschende Neuerungen: etwa die Übereinanderschichtung verschiedener Tempi, die mehreren Instrumenten die totale, nicht aleatorische Unabhängigkeit in einem vom Dirigenten kontrollierten, organisierten Durcheinander gewährt.

Sicher wollte ich nicht bewußt eine Synthese aus Elementen meiner musikalischen Sprache errichten. Ich ging von einer Inspiration aus, die ebenso stark und mir unergründlich war wie eine Liebesbeziehung: Dieser Inspiration habe ich mich vollkommen hingegeben.

Wie soll man Ewigkeit in Musik setzen? Man kann sie nicht wiedergeben, man kann davon nur einen Näherungswert geben. Von meinen ersten Werken an versuchte ich, die Unveränderlichkeit durch sehr, sehr langsame Tempi und eine farbenreiche Sprache auszudrücken. Eine Technik, die ich noch immer anwende.

Eines wird Sie überraschen: Worauf ich als religiöser Musiker am neidvollsten blicke, ist die Anonymität der christlichen Musiker des Mittelalters. Sie schufen den gesamten gregorianischen Gesang mit seinen wunderbaren Melodien und Rhythmen, und niemand weiß, wer! Diese handwerkliche Arbeit, getragen von gemeinschaftlichem Geist, liegt so weitab vom Hochmut der Komponisten des 20. Jahrhunderts ...

DIETER SCHNEBEL

Ligetis «Lux aeterna» als Gesang vom ewigen Licht

György Ligeti ist auf einen Ensembleklang aus, bei dem die Spezifika der ihn konstituierenden Stimmen verschwinden, um dem Resultat besonderen Klang zu verschaffen. Wie bei der Orgel die Töne der einzelnen Pfeifen zu neuen Farben verschmelzen, werden die Instrumente als Generatoren eines imaginären Rieseninstruments genommen und aus ihnen bestimmter Klang kombiniert. Dergestalt läßt sich auch der Chor als ein Instrument betrachten und durch Wechselspiel der Klangerzeuger ein ebenso kontinuierliches wie fluktuierendes Tönen erreichen, als ob ständig andere Register ein- und abgeschaltet würden.

Ligetis «Lux aeterna» für 16stimmigen gemischten Chor a cappella, 1966 in der Nachbarschaft des «Requiem» entstanden, ist in solcher Weise komponiert. In diesem Pianissimo-Stück haben die Stimmen meist asynchron «stets sehr weich» einzusetzen. Wie in «Atmosphères» liegen die Töne meist sehr eng beieinander, weshalb sie zu Clustern verschmelzen. Das Ergebnis ist ein sich kaum merklich ändernder Klang, der mehr innen irregulär pulsiert, als wirklich von der Stelle geht. Wegen der instrumentalen Verwendung der Stimmen, die andauernde Töne zu erzeugen haben, spielt das phonetische Material des Textes scheinbar keine Rolle: wie in älterer Chormusik sind die Vokale auszuhalten, und die Konsonanten haben markierende Funktion. Trotzdem sind auch die Phoneme materialiter verwendet, denn die hellen bis dunklen Tönungen der Vokale sind als Farbwerte kombiniert; indem die Stimmen quasi kanonisch geführt werden, resultiert ein Changieren der Farben. In solchem milden und verfließenden Klangwechsel – «sostenuto, molto calmo, ‹wie aus der Ferne›» – ist die *Lux aeterna* musikalisch zum Leuchten gebracht. Die gleichsam endlosen Invokationen des Beginns und die ausgesponnenen morendos gegen den Schluß verwischen die zeitlichen Grenzen der Musik: das Stück endet nicht, sondern verschwindet in der Ferne, aus der es kam, also auch die Ewigkeit bedeutend, von der es singt.

HELMUT LACHENMANN

Musik als Flucht in die Höhle des Löwen

Schönheit, das ist die Erfahrung der Selbstbetäubung oder des Erwachens. Schönheit, das ist Ruhekissen oder Nadelkissen jener Gattung Mensch, welche niemals davon hat ablassen können, im Namen der Liebe zu hassen, im Namen der Wahrheit zu lügen, im Namen des Dienstes zu verdienen, im Namen der Fürsorge auszubeuten, im Namen des Lebens zu töten, im Namen der Rettung zu verderben, im Namen der Freiheit zu unterdrücken und im Namen der Verantwortung sich dumm zu stellen. Der Weg zum Glückserlebnis des Schönen führt durch das – wie auch immer verdrängte oder akzeptierte – Angsterlebnis des Schönen, nämlich durch die Frage an den Menschen, ob und wieweit er bereit und fähig ist, Aug in Auge mit seinem Widerspruch zu leben und im Bewußtsein dieses Widerspruchs wachsam zu bleiben gegenüber dem, was er ausrichtet und anrichtet.

Vor hundertfünfzig Jahren ließ Georg Büchner seinen Woyzeck sagen: «Jeder Mensch ist ein Abgrund, es schwindelt einem, wenn man hinabsieht.» Kunst, nicht anders als der Mensch selbst, muß sich entscheiden, ob sie den Blick in den Abgrund wagen, aushalten und ihr Selbstverständnis durch solche Erfahrung prägen lassen will, oder ob sie solche Erfahrung verdrängen, leugnen, sich den Schutzmanövern der Gesellschaft anpassen will. Die Bereitschaft, sich und sein Denken verunsichern zu lassen, gehört nicht weniger zu unseren humanen Bestimmungen als diejenige, sich am ungebrochenen Schönen zu erfreuen. Beides gehört zusammen.

Musik – so oder so Abbild des Menschen samt seiner erkannten oder verdrängten Entfremdung – Musik ist nicht die Wirklichkeit. Im Gesamt unseres Daseins bleibt sie als kulturelle Erfahrung eher ein Medium der Zuflucht, in anderem Sinn allerdings für den Erkenntnis- als für den Verdrängungssuchenden.

Hören, nicht anders als das Komponieren selbst eine Form menschlichen Suchens, ist, so oder so, ganz gewiß eine Flucht: als Flucht ins Innere des eigenen beschädigten Ichs aber eine Flucht direkt in die Höhle des Löwen. Und dort ist wohl der einzige Ausweg.

3

Musik – was ist das?

Nachdenken über ein
unerschöpfliches Rätsel

PIERRE BOULEZ

Musik ist nichts ohne die Erfahrung des Lebens

Was ist für mich Musik? Oh ... sehr viel, man kann das nicht in zwei Sätzen beantworten. Ganz einfach gesagt: Die Welt, wie ich sie sehe. Das ist ein ganz persönlicher Gedanke, der alles absorbiert. Für mich ist Musik zuerst eine Art zu leben, dann zu denken und alles wahrzunehmen. Das ist wirklich ein ganz allgemeines Konzept. Ich kann verstehen, daß das für viele Leute nicht der Fall ist, weil sie ihr Leben nicht der Musik verschrieben haben. Auch für einen Musiker spielen andere Sachen eine Rolle: Literatur, Kunst, usw. usw., sogar das Leben. Musik ist nichts ohne die Erfahrung des Lebens. Aber für einen Musiker ist die Musik alles.

Das Wichtigste in der Musik ist die Balance zwischen Struktur und Intuition. Nur Struktur ist uninteressant, akademisch. Nur Intuition ist nicht genug; es gibt dann vielleicht einen Schock. Doch dieser trägt nicht genug nach ein-, zweimaligem Hören, weil die Struktur nicht genügend ist. Deswegen fasziniert mich die Balance zwischen Kalkül und Intuition.

Brief an Helene

Berghof, am 23. August 1909

Geliebte, Du fragst in Deinen Brief: «Wohin gehen wir? Was ist das, was uns hier als Ziel erscheint, das ‹Wohin›?» Sind es nicht die schon längst von mir verworfenen, überwundenen Titel und Würden und Orden und Ehrengräber, die wahrlich «keine Rolle spielen», die mögen kommen oder nicht, wir werden keine Hand dazu heben, ihr Ausbleiben wird uns ebenso wenig berühren, wird ebenso wenig «eine Rolle spielen» als ihr Eintreffen! Aber andererseits gibt es doch ein Ziel, ein «Wohin» für uns, und wenn es Dir nicht ganz aufgegangen ist, so bist Du am Weg dazu, es zu finden. Es ist der Weg, der vorbeiführt an all den äußerlichen, weltlichen Zielen, hinauf zur Vervollkommnung unserer Seelen zur *Mensch*werdung – zur einzig richtigen, erstrebenswerten, höchsten, idealsten Existenz.

Denn je mehr ich dem Ziel näher zu kommen glaube – je höher ich steige –, desto besser erkenne ich erst, wie viel, wie weit noch zu wandern ist, bis wir zur Spitze des Berges kommen, die im Tal unseres niedrigsten Daseins so leicht zu erreichen schien.

Bis wir zu der Höhe kommen, wo allein die Edelsten wohnen, wo *allein* ein «Parsifal», eine «Neunte», ein «Faust», eine «Pippa» – und die paar anderen letzten Werke – Apokalypsen, Synthesen – geschaffen werden. Gleichviel, ob in Werken oder in ein Leben der Seele umgesetzt.

Da spielt das «Wohin» die größte, die einzige Rolle; es ist das «Dorthin» Nietzsches, der es in seiner bilderreichen Sprache mit «neuen Meeren» vergleicht, wohin sein «Genueser Schiff» unaufhaltsam treibt. Leider habe ich den nicht zur Hand, ich wollte, ich könnte ihn in dieser letzten, größten Frage zitieren, es wirkte Dir überzeugender als meine Erörterungen.

Aber das Eine weiß ich trotz alledem ganz sicher, und da brauch' ich keinen Nietzsche und keinen Philosophen der Welt: daß dieser Weg zu den «neuen Meeren» oder zu den «höchsten Bergesspitzen» *vorbei* führt an all den kleinlichen Zielen dieser Welt, dieser Miniaturwelt – das eine nur im Auge – ein gerechter, guter, edler Mensch zu werden.

O Helene, wollen wir nicht zusammen diesen Weg gehen? Ich mit Dir – Du mit mir?

Hand in Hand – Seele an Seele, so daß uns die Frage aus «Rosmersholm» auf den Lippen schwebt: «Ich weiß nicht, geh' ich mit Dir oder gehst Du mit mir? ...»

Alban

SERGIU CELIBIDACHE

«Es ist so»

Was sei Musik? *«Das* ist Musik.» Es gibt keine Definition für die Musik, sie ist außerhalb des Denkens. Das, was eventuell entsteht, entsteht absolut außerhalb des Denkens. Daß sie auf dem Wege des Denkens zusammenzustellen ist: Proben, die ganze Angelegenheit, die wir «Ordnung ins Material bringen» nennen – das ist nicht anders zu haben. Sie kommen nicht dazu, wenn keine Ordnung drin ist. Und Ordnung ist nunmal Denken. Wenn es aber kommt, ist alles überwunden.

Und ich kam früh genug weg von der Idee der Schönheit. «Kunst ist schön.» Ja, ohne Schönheit würde keiner Kunst treiben, aber Schönheit ist nicht die Endstation. Das ist der Köder. Ohne Schönheit würden wir nicht dahinterkommen. Aber wie Schiller schon sagte: «Alle Menschen, die zur Schönheit gekommen sind, werden einmal erfahren, daß dahinter die Wahrheit steckt.» Was ist wahr? – auch nicht weiter definierbar durch Denken, aber erlebbar.

Das, was nicht weiter definierbar bleibt: Wirklichkeit. *Es ist so.*

Das war auch das schönste Kompliment meines Lebens, von einer Prinzessin aus Hannover. Ich war sehr jung, meine Karriere war zwei Jahre alt. Und nach dem Konzert kommt sie zu mir, wunderbar friedlich, irgendwie geschlossen, und sagt: «Es ist so.» In diesem Menschen müssen die selben Korrelationen stattgefunden haben, denn sie dachte, was ich denke. Nicht: «Es ist schön, es ist wunderbar» – das sind tausend Ausdrücke, die nicht die Wirklichkeit treffen – aber: «Es ist so.» Ich hätte es nicht besser formuliert, und bis heute denke ich, das ist das Schönste, was ich von einem anderen Menschen, der mit mir zusammen musiziert hat, gehört habe.

HANS ZENDER

Kunst als Chiffre von Hoffnung

Mitten im verführerischen Glitzern des technischen Fortschritts dürfen wir uns durch die Netze von Wirtschaft und Technik nicht fesseln lassen. Wir dürfen den Boden, auf dem wir stehen, nicht zuzementieren; es ist der gleiche Boden, der uns ernährt. Wir müssen mit aller Aufmerksamkeit den Weg des rationalen Bewußtseins gehen, dabei aber so aufmerksam sein, daß wir nicht übersehen, wenn wir mitten in einer unserer Forschungsparzellen plötzlich einen jener magischen Punkte berühren, eine jener Wasseradern oder vulkanischen Formationen erspüren, die frühere Zeiten besser kannten als wir. Die Welt des Unhörbaren, Unsichtbaren, Gestaltlosen, von der die alten Chinesen als der Welt der Musik sprachen, sie liegt als verborgene zweite Realität unter der Oberfläche. Kunst hätte diesen doppelten Boden, auf dem wir uns bewegen, transparent zu machen. Sie hätte die Kraft zur Wandlung, zur Veränderung, die in uns allen liegt, zu aktivieren. Sie hätte die Menschen immer wieder an ihre Ganzheit zu erinnern, damit sie fähig werden, Frieden mit der Natur und mit ihresgleichen zu halten. So, und nur so, könnte Kunst dann auch wieder zu einer Chiffre von Hoffnung werden.

ISAAK STERN

Musik und Erziehung

Ich wäre nicht glücklich gewesen, hätte sich mein Leben ausschließlich um die Geige gedreht. Aber die vielen Sachen, die ich mache, sie alle haben etwas gemeinsam: Sie alle haben mit Musik und Menschen zu tun. Ich liebe Musik, und im allgemeinen liebe ich Menschen. Und es macht mich glücklich, wenn ich dazu beitragen kann, daß talentierte Menschen etwas tun, das die Welt schöner macht.

Ein guter Musiker muß wißbegierig sein, und das sind nur Menschen, die denken. Man muß neugierig darauf sein, immer noch mehr herauszufinden. Um irgendwann einzusehen, daß man nie alles wissen wird, egal, wieviel man lernt. Zu dieser Erkenntnis bin ich jedenfalls gelangt, und das ist noch gar nicht so lange her.

Umgekehrt fördert das Musikmachen die Intelligenz. Ich habe das immer geglaubt, inzwischen ist es bewiesen: Kinder, die zwischen ihrem fünften und vierzehnten Lebensjahr eine musikalische Ausbildung erhalten, haben anderen gegenüber einen Vorsprung: in logischem Denken, in Mathematik, im Erinnerungsvermögen und in ihren Manieren.

Das Grundprinzip der Musik ist Ordnung, und Ordnung braucht man überall im Leben. Musik zivilisiert; Musik macht wachsam; Musik weckt die Phantasie. Sie tröstet dich, wenn du traurig bist; bringt dich zum Lachen, wenn du dir Sorgen machst; macht deinen Kopf klar, wenn alles drunter und drüber geht. Wer Musik macht, lernt, nicht zu hassen. Wer Musik macht, lernt zu sehen, zuzuhören und zu denken.

Ich glaube an Denken. Leider gehört diese Beschäftigung nicht zu den Dingen, nach denen unsere Gesellschaft in jungen Menschen ein Verlangen wachruft. Und deshalb halte ich es für wichtig, ja für notwendig, daß jedes Kind ab einem Alter von fünf Jahren ein Instrument erlernt.

WOLFGANG RIHM

Die Eisbergspitze einer Musikdefinition

Musik ist die Kunst, der Zeit einen Körper zu formen, durch in die Zeit gesetzte Klang-Zeichen und akustische Bewegungsstrukturen, die sich erst – und jeweils anders – im Hörer zur Kunsterfahrung «Musik» zuspitzen.

Darüber hinaus ist Musik ein sinnlicher Zustand unerschöpflicher Kombinationsmöglichkeiten. Sicher deshalb oft mit Mathematik verglichen, ist in Musik Unendlichkeit mit offensichtlich endlichem Instrumentarium darstellbar. Scheinhaft? Sicher, aber die in Zahlen ausgedrückte Undenkbarkeit «Unendlichkeit» ist (selbst) ja auch nicht die Unendlichkeit selbst, sondern der Ausdruck der gedachten Undenkbarkeit (also eigentlich deren Überwindung im Ausdruck ihrer offensichtlichen Benennbarkeit). Aber: um so undenkbarer, je operabler die Darstellungseinheiten – falls diese offensichtliche Paradoxie weiterführt.

Musik ist sinnliche Zeit, ist Ausdruck von und Forderung nach Freiheit, ermöglicht als Sprache den Diskurs ohne Begriff, ist somit (und durch das Ineinander von Abstraktheit und Konkretheit in ihrer Erscheinung) für den Menschen die umfassendste Darstellungsmöglichkeit seiner ganzheitlichen Geistigkeit, bindet und entläßt Mythos, Magie *und* Ratio und ist Gestalt ohne Gestalt ...

Nimm als Eisbergspitze: Musik ist Freiheit, auf die Zeit gesetzte Klang-Zeichen-Schrift, die Spur undenkbarer Gestaltfülle, Färbung und Formung von Zeit, sinnlicher Ausdruck von Energie, Abbild und Bann von Leben, dabei aber auch Gegenbild, Gegenentwurf: das Andere.

Werk, Liebhaber und das Mystische

Kunstwerke beantworten keine Fragen: Sie verursachen sie; und ihre wesentliche Bedeutung liegt im Spannungsfeld der widersprüchlichen Antwortmöglichkeiten.

*

Der Kunstliebhaber kann ehrlicherweise kein Skeptiker sein. Die Liebe zur Musik ist ein Glaube, wie immer man sich drehen und wenden mag.

*

Was haben wir Künstler mit Öl und mit Wirtschaft, mit Überleben und Ehre zu tun? Die Antwort ist: alles. Unsere Wahrheit, wenn sie vom Herzen kommt, und die Schönheit, die wir aus ihr hervorbringen, sind vielleicht die einzigen wirklichen Wegweiser, die übriggeblieben sind, die einzigen klar sichtbaren Leuchttürme, die einzige Quelle der Erneuerung der Vitalität der menschlichen Weltkulturen. Wo Wirtschaftsfachleute hadern, können wir heiter sein. Wo Politiker ihre diplomatischen Spiele betreiben, können wir Herz und Hirn bewegen. Wo die Habgierigen raffen, können wir schenken. Unsere Federn, unsere Stimmen, unsere Pinsel, unsere Pas de deux, unsere Worte, unsere Cis' und B's steigen höher empor als die höchste Öl-Fontäne. Sie können Eigennutz in die Knie zwingen. Sie können uns vor dem moralischen Niedergang bewahren. Vielleicht sind es überhaupt nur die Künstler, die das Mystische mit dem Rationalen versöhnen und darin fortfahren können, die Allgegenwart Gottes der Menschheit vor Augen zu führen.

IGOR STRAWINSKY

Musik und Architektur

Die Musik ist der einzige Bereich, in dem der Mensch die Gegenwart realisiert. Durch die Unvollkommenheit unserer Natur unterliegen wir dem Ablauf der Zeit, den Kategorien der Zukunft und der Vergangenheit, ohne jemals die Gegenwart «wirklich» machen zu können, also die Zeit stillstehen zu lassen.

Das Phänomen der Musik ist uns zu dem einzigen Zweck gegeben, eine Ordnung zwischen den Dingen herzustellen, und hierbei vor allem eine Ordnung zu setzen zwischen dem Menschen und der Zeit. Um realisiert zu werden, erfordert diese Ordnung einzig und allein und mit gebieterischer Notwendigkeit eine Konstruktion. Wenn die Konstruktion vorhanden und die Ordnung erreicht ist, ist alles gesagt. Es wäre vergebens, dann noch etwas anderes zu suchen, etwas anderes zu erwarten. Und eben diese Konstruktion, diese erreichte Ordnung ist es, die uns auf eine ganz besondere Weise bewegt, auf eine Weise, die nichts gemein hat mit unseren üblichen Empfindungen, mit den Reaktionen, die die Eindrücke des täglichen Lebens hervorrufen. Man könnte die Empfindung, die die Musik weckt, am besten umschreiben, wenn man sie jener gleichsetzt, die in uns entsteht, wenn wir das Spiel architektonischer Formen betrachten. Goethe wußte das, als er die Architektur eine verstummte Tonkunst nannte.

YEHUDI MENUHIN

Musik und Freiheit

Beim Musizieren wurde mir neulich klarer als je zuvor, daß das Verlangen des Menschen und dessen Ausdruck in der Kunst der unbegrenzten, unendlichen, vollkommenen, nie-endenden Liebe gilt, von der die physische Liebe, wie wir sie in unserer Lebensspanne kennenlernen, nur eine Spiegelung, eine Nach-Schöpfung ist. Und daß, wenn jede Bewegung als wesentlich zeitlos und unendlich empfunden wird, alle zusammen in dieser Dimension nicht miteinander abwechseln können. Denn etwas, das immer und ewig den ganzen Raum einnimmt, läßt sich nicht durch irgend etwas anderes ersetzen. Es muß also letzten Endes ein ganzheitliches, alles beherrschendes, alles umfassendes Gefühl geben, von dem alle anderen Gefühle, auch die negativen, nur Teile sind. Das müßte die schöpferische Ekstase im Leben und in der Kunst sein, von der wir von Zeit zu Zeit besessen sind und gebannt werden.

In ihrer höchsten Form ist Freiheit ein gemeinschaftliches Unterfangen, und dann wird sie schöpferisch. Sie läßt sich auch nur durch die gleichzeitige Übernahme von Verantwortlichkeit für andere erlangen. Freiheit ist nicht Freiheit zu tun, was man will; sie ist die Verantwortung, das zu tun, was man tun muß.

DANIEL BARENBOIM

Das Unendliche in der endlichen Musik

Jedes Kunstwerk hat «zwei Gesichter»; eines ist der Ewigkeit zugewendet, das andere blickt in die eigene Zeit. Es gibt Bräuche und Moden, die für eine gewisse Epoche typisch sind, und einige Kompositionen bringen eine ganze Epoche zum Ausdruck. Dieser Aspekt einer Komposition mag veraltet und für zukünftige Generationen uninteressant sein. Was bleibt, ist der Geist des Werkes, das Wesentliche. Musik ist daher vollkommen unabhängig. Sie bedarf weder der Bestätigung ihres Wertes noch wissenschaftlicher Hilfe oder der anderer Künste, um zu existieren und verstanden zu werden.

Eine Komposition sollte durch sich und für sich verstanden werden und nicht für einen Zweck, so positiv und nützlich er auch sein mag, erschaffen sein. Sie kann für einen materiell oder geistig profitablen Zweck genützt werden, an sich hat Musik solche Eigenschaften aber nicht. Musik beschreibt nicht nur andere Dinge. Musik ist weder gütig noch böswillig. Oberflächlich betrachtet, kann Musik Laute imitieren – einen Vogel oder das Rauschen des Meeres –, aber darauf kommt es nicht an. Auch mag uns eine gewisse musikalische Atmosphäre an eine Liebesszene erinnern, eine andere an eine majestätische Prozession, aber diese Erinnerungen sind kennzeichnend für uns und nicht für die Musik. Ich habe oft vollkommen unterschiedliche Empfindungen von ein und demselben Musikstück zu verschiedenen Zeiten. Vereinfachend kann man sagen, daß Musik die jeweilige Stimmung, in der man sich befindet, intensiviert. Natürlich wird man den Trauermarsch in der «Eroica» nicht als freudige Musik auffassen können – bei keiner Gelegenheit –, aber das ist eher die Ausnahme als die Regel.

Wir können das Unendliche in der Musik nur verstehen, indem wir diese Unendlichkeit in uns selbst suchen. Als menschliche Wesen besitzen wir nichts Unendliches; aber ich glaube, daß wir Musiker mit unserer begrenzten Kraft eine Illusion von Unendlichkeit erzeugen können. Nur durch Kenntnis unserer eigenen Person können wir die Dinge außerhalb dieser erkennen. Wenn wir mit Musik arbeiten, müssen wir wissen, ob eine gewisse Passage Schwierigkeiten in der physischen Beherrschung verursacht oder eine Erregung, die unsere Vernunft oder unser Verstehen ausschaltet. Ich glaube, daß es gefährlich ist, großen Musikern nachzueifern, die als Menschen weniger attraktiv waren. Wagner ist ein deutliches Beispiel. Seine negativen Eigenschaften machten ihn nicht zu dem großen Komponisten, der er war: Er war ein großer Komponist trotz dieser negativen Eigenschaften.

Es klingt vielleicht prätentiös, aber wenn Künstler sich selbst gegenüber ehrlich sind, werden sie gestehen, daß sie das Gefühl entwickeln, sie könnten sich über jegliche Konventionen hinwegsetzen. Doch es ist sehr schwer, vom Musizieren zurückzufinden in das alltägliche Leben. Das ist vielleicht der Grund, warum so viele Künstler in ihrem Privatleben Schwierigkeiten haben. Ich rate jungen Künstlern immer, daß sie sich über diese zwei Welten im klaren sein sollen – daß sie all die Entschlossenheit, das Feuer und die Autorität ihrer einzigartigen Kunst beibehalten, aber daß sie wissen, daß es nichts Einzigartiges in ihrem Leben außerhalb der Kunst gibt. Wir sind alle ziemlich gleich.

ARTHUR SCHNABEL

Musik ist die Welt noch einmal

Der Mensch ist musikalisch. Er kann Tonfolgen produzieren und reproduzieren; die vergeistigte Verfeinerung und Gliederung des Elementaren erzeugen und empfangen zu können, bedarf es jedoch offenbar besonderer Anlagen. Die Musikalität, die normalerweise jedem Menschen zu eigen ist, reicht noch nicht aus, ihm Zugang zur Kunst der Musik zu verschaffen.

Der persönliche Drang zu höheren geistigen Stufen kann, nach meiner Ansicht, von außenher nicht erzeugt werden, er muß mit dem geboren sein, der ihn fühlt. Erziehung und Umgebung mögen jedem Gelegenheit geben, zu erkennen, wo er sich heimisch fühlen kann. Ohne das angeborene Bedürfnis wird ein Verhältnis nicht entstehen. Es gehört ja, zum Beispiel, zum intellektuellen Gepäck der sogenannten «Gebildeten», aber wir wissen, daß viele von diesen nicht einmal eine Verbindung mit dem Namen haben und auch gar nicht vorgeben und begehren.

In cinem kleinen Teil Europas, der, roh gesagt, der Kreuzung von Heidentum, Griechentum und Christentum die Buntheit seiner Schöpfungen verdankt, erfolgt also die Erhebung der Musik aus privatem Vergnügen, aus begleitender, dienender, schmückender Bestimmung zur Zweckfreiheit, Selbstherrlichkeit, zu einem ausschließlich eigenen Bedingungen unterworfenen, in sich vollendeten symbolischen Geschehen, das aus erkannter seelischer Notwendigkeit, in unbegrenzt wechselnder Zusammensetzung der Mittel, durchaus mit dem Bewußtsein eines künstlerischen Wollens, zu repräsentativen Gebilden vergeistigt, verdichtet, geformt wird, die die Richtung ihrer beabsichtigten Wirkung zu einer der Herkunft entsprechenden Stelle führt: aus der Seele an die Seele, über das Geistige.

Das wäre etwa, was ich unter Kunst verstehe.

Die Autonomisierung der Musik dünkt mich übrigens der originalste Beitrag zu sein, den Europa der Gesamtkultur der Menschheit geleistet hat.

Die Musik und die musikalische Kunst sind geheimnisvolle, notwendige, fühlbare und herstellbare Wirklichkeiten, kosmisch bezogen und speziell geordnet, unpersönlich, persönlich und überpersönlich. Man kann sie in keiner Weise erschöpfen. Der Rest bleibt Musik, wie sie wesentlich am Anfang ist.

Ich muß einmal schließen und weiß heute nichts besseres am Ende zu sagen als Schopenhauers Satz: «Musik ist die Welt noch einmal!»

VIKTOR ULLMANN

Aus dem «Tagebuch in Prosa»

Das Erdenleben der Menschheit: Die Geburt des Ich aus dem Geiste von Wissenschaft, Kunst und Religion.

*

Der Mensch ist eine Doppelfuge, deren Contra-Subjekt die Umkehrung des Subjekts ist.

*

Es gibt Musiker, die Musik, und solche, die Musikgeschichte machen wollen.

*

Der Dreiklang ist, was Goethe als Urphänomen entgangen ist: Drei in Eins.

ARVO PÄRT

Musik als Sprache, Geheimnis und Bekenntnis

Der Gregorianische Gesang hat mir gezeigt, daß hinter der Kunst, zwei, drei Noten zu kombinieren, ein kosmisches Geheimnis verborgen liegt.

*

Wie kann man die folgende Stille (das Schweigen) mit Tönen füllen, die des vorangegangenen Schweigens (der Stille) würdig wären?

*

Das Herz muß sich in das Ohr verwandeln. Das Gehör auf das Herz zurückgeführt werden.

*

Man muß seine Seele bis zu einem solchen Grade läutern, daß sie singt.

*

Gerade dann wird Musik geboren, wenn du es überhaupt nicht erwartest.

*

Lehre deine Seele singen.
Jede Seinslage hat ihre Lieder.
Mag das Singen dich bei allem, was du tust, begleiten.
Habe dieses Singen lieb und hüte es.

*

So, wie eine Blumenknospe sich nicht mit Gewalt öffnen läßt, fällt es auch uns schwer, dem Fortgang der Zeit in uns selbst zu widerstehen.

Und dennoch empfinde ich oft ein nicht zu verwirklichendes Verlangen, mich wenigstens in der Musik in die Sekunde zu versenken, sie anzuhalten und in ihr wie in der Ewigkeit zu leben.

Wie können wir unser Glück im Künftigen wahr werden lassen, wenn wir es nicht verstehen, in der gegenwärtigen Minute zu leben? Doch all dies kann man mit den Worten des Evangeliums sagen: «Darum sorget nicht für den anderen Morgen, denn der morgige Tag wird für das Seine sorgen. Es ist genug, daß ein jeglicher Tag seine eigene Plage habe» (Matth. 6,34).

*

In schweren Zeiten spüre ich ganz genau, daß alles, was eine Sache umgibt, keine Bedeutung hat. Vieles und Vielseitiges verwirrt mich nur, und ich muß nach dem Einen suchen. Was ist das, dieses Eine, und wie finde ich den Zugang zu ihm? Es gibt viele Erscheinungen von Vollkommenheit: alles Unwichtige fällt weg.

*

Für mich ist komponieren wie ein- und ausatmen. Es ist mein Leben. Was tut ein Kind, wenn es für sich allein spielt? Es singt. Warum singt es? Es ist froh über etwas Schönes, es ist angeregt durch etwas. Das ist etwas Natürliches. Bei Erwachsenen ist dieser Zustand komplizierter, weil diese Harmonie zerstört worden ist, sie ist verloren gegangen. Meine Gedanken, meine Seele – kann ich sein, ohne zu komponieren? Musik ist meine Sprache, sie kann mein Geheimnis sein, sogar mein Bekenntnis. Es ist an höhere Instanzen gerichtet. Das Bedürfnis zu komponieren hat viele Schichten. Sie sind wie übereinander gelegte Brücken. Und man weiß nie, über welche Brükke man gerade geht. Einige sind gefährlich, und man fällt. Am wichtigsten ist die Erkenntnis für mich, daß ich mit ein paar Noten mehr ausdrücken kann als mit tausend Sätzen.

Die Verwandlung der Zeit

Das wichtigste Ziel eines Kunstwerks ist meiner Ansicht nach die Verwandlung der Zeit. Der Mensch hat diese verwandelt andere Zeit – die Zeit des Verweilens der Seele im Geistigen – in sich. Doch kann sie verdrängt werden durch unser alltägliches Zeiterleben, in dem es keine Vergangenheit und keine Zukunft, sondern lediglich das Gleiten auf dem schmalen Grat einer sich unablässig bewegenden Gegenwart gibt. Die Aktivierung der anderen, essentiellen Zeit kann im Kunstwerk stattfinden.

*

… mir scheint, daß außer mir etwas existiert, das mir hilft und mir etwas zu sagen hat. Aber um diesen Zustand zu erreichen, muß man tief in das eigene Innere gehen, hören und sehen. Es ist für mich so, als ob tief im Inneren ein Punkt liegt, der mich mit dem Außen verbindet. Nur in diesem Prozeß kann man einen solchen Zustand erreichen: Ich stelle mir nicht nur vor, daß diese Verbindung zwischen innen und außen möglich ist, sondern ich weiß es. Ich weiß, daß ein scharfer, dünner Punkt dort existiert, wo die Pforte zur Verbindung liegt; und ich weiß, daß ich eine runde Linie, die es tief innen gibt, gründlich sehen und hören kann.

*

Die Rolle der Kunst in unserer Zeit! Religion ist das Wichtigste im Leben der Menschen überhaupt. Im 20. Jahrhundert existiert die Gefahr, die Religion zu verlieren. Sogar in Ländern, wo Religionsfreiheit besteht, habe ich bemerkt, daß die Menschen selbst wissentlich unreligiös sind. Bei uns, wo die Religionsausübung zwar nicht verboten, aber unerwünscht ist, sind religiöse Menschen wirklich religiös, nicht nur formell. Wenn sie in die Kirche gehen, dann gehen sie aus Überzeugung. Sie gehen aus innerer Notwendigkeit.

*

Als sich die Menschen bei uns noch fürchteten und die Religion von sich wiesen, habe ich gespürt, daß, wenn auch ich meine Beziehung zur Religion verberge, das ein Verrat wäre. Aber jetzt, wo alles erlaubt ist, ziehe ich mich damit zurück. Sobald ich in den letzten Jahren gemerkt habe, daß sich eine Profanisierung vollzieht, habe ich aufgehört, mich über dieses Thema zu unterhalten. Damit es mein Geheimnis bleibe. Und ich habe auch aufgehört, meinen Werken religiöse Titel zu geben.

PABLO CASALS

Intuition spielt die Hauptrolle

Intuition ist das entscheidende Moment, sowohl beim Komponieren als auch beim Interpretieren von Musik. Natürlich haben Technik und Intelligenz dabei lebenswichtige Funktionen – man muß die Technik eines Instruments so beherrschen, daß man alle vorhandenen Möglichkeiten herausholen kann, und seine Intelligenz dazu verwenden, um alle Einzelheiten der Musik zu erforschen – aber letztlich spielt die Intuition die Hauptrolle. Für mich ist der bestimmende Faktor der Schöpferkraft, die ein Werk zum Leben bringt, der musikalische Instinkt.

*

In J. S. Bach sehe ich Gott. Jeden Morgen meines Lebens, erst Natur, dann Bach. Ich behandle Musik als etwas Göttliches, so wie ich auch jedes menschliche Wesen behandle. Keine zwei Sandkörner sind gleich, und keine zwei Menschen sind gleich. Das ist Gottes Wunder.

*

Musik, diese wundervolle Weltsprache, sollte eine Quelle der Verständigung unter den Menschen sein. Wieder einmal ermahne ich meine Musikerkollegen in der ganzen Welt, die Echtheit ihrer Kunst in den Dienst der Menschheit zu stellen, um alle Menschen brüderlich zu vereinen. Möge jeder von uns, so weit er fähig ist, seinen Teil dazu beitragen, bis dieses Ideal in all seiner Herrlichkeit erreicht ist.

4

Geschenk aus einer anderen Welt

Musik im Spiel mit Zeit und Ewigkeit

NIKOLAUS HARNONCOURT

Eine Sprache des Unsagbaren

In den meisten Kulturen hat die Musik mit Religion zu tun, auch bei uns, aber in einem sehr weiten Sinn.

Die Musik ist ein Rätsel, ein unerklärbares Geschenk aus einer anderen Welt, eine Sprache des Unsagbaren, die aber manchen letzten Wahrheiten und geheimnisvollen Erlebnissen eher nahekommt als die *Sprache der Worte,* der Verständigung mit ihrer technischen Präzision und Logik; mit ihrer fast immer schrecklichen Vereinfachung und Folgerichtigkeit; mit ihrer unmenschlichen Klarheit, ihrem oft tödlichen Ja oder Nein.

CLAUDE DEBUSSY

Die religiöse Botschaft der Natur

Es braucht eine Selbstentäußerung, um das Göttliche zu preisen. Man muß sich dieser Aufgabe ganz hingeben, mit heroischem Edelmut, standhafter Entsagung aller Dinge und standhafter Selbstverleugnung. Wer gibt uns die reine Liebe der frommen Musiker vergangener Zeiten zurück? Wer wagt von neuem die grandiose Leidenschaft eines Palestrina?

Ich selbst bin weit entfernt von diesem Zustand der Gnade. Ich bin kein praktizierender Christ im kirchlichen Sinn. Ich habe die geheimnisvolle Natur zu meiner Religion gemacht. Ich glaube nicht, daß ein Mann im

Mönchsgewand Gott näher steht, noch daß ein bestimmter Ort in der Stadt der stillen Andacht förderlicher ist.

Vor einem bewegten Himmel, dessen wunderbare und unaufhörlich sich wandelnde Schönheiten ich stundenlang betrachte, erfaßt mich eine unbeschreibliche Gefühlsbewegung. Die unermeßliche Natur strahlt zurück in meine wahrheitshungrige, arme Seele. Hier sind die Bäume, die ihre Arme hoch in den Himmel recken, hier die duftenden Blumen, die in der Wiese lächeln, hier ist die Erde, gar lieblich geschmückt mit üppigen Kräutern.

Und unmerklich falten sich die Hände zur Andacht. Fühlen, zu welch aufwühlenden und gewaltigen Schauspielen die Natur ihre vergänglichen und erschauernden Geschöpfe einlädt, das nenne ich beten.

Wer wird das Geheimnis der musikalischen Komposition ergründen? Das Rauschen des Meeres, der Bogen des Horizonts, der Wind in den Blättern, ein Vogelruf hinterlassen in uns vielfältige Eindrücke. Und plötzlich, ohne daß man das mindeste dazutut, steigt eine dieser Erinnerungen in uns auf und wird zur musikalischen Sprache. Sie trägt ihre Harmonie in sich selbst. Welche Anstrengung man auch unternähme, man wird keine stimmigere finden und auch keine wahrere. Nur auf diesem Weg macht eine Seele, die sich der Musik verschrieben hat, ihre schönsten Entdeckungen.

GUSTAV MAHLER

Musikalische Schöpfung mit Geburtswehen

Das Wesen eines Musikers ist kaum in Worten auszudrücken. Es ließe sich eher sagen, was in ihm anders ist als bei andern. Was es aber ist, darüber vermöchte vielleicht er am allerwenigsten Auskunft zu erteilen. So ist es auch mit seinen Zielen! Er wandelt ihnen, wie ein Nachtwandler, zu – er weiß nicht, welchen Weg (vielleicht an schwindelnden Abgründen vorbei) er schreitet, aber er geht dem fernen Lichte zu – ob dies das ewig strahlende Gestirn oder ein lockendes Irrlicht ist.

*

Begreifst Du nicht, wie das den ganzen Menschen erfordert, und wie man da oft so tief drinsteckt, daß man für die Außenwelt wie abgestorben ist. Nun aber denke Dir ein so großes Werk, in welchem sich in der Tat die ganze Welt spiegelt – man ist sozusagen selbst nur ein Instrument, auf dem das Universum spielt.

In solchen Momenten gehöre ich nicht mehr mir ... Es sind furchtbare Geburtswehen, die der Schöpfer eines solchen Werkes erleidet, und bevor sich alles in seinem Kopfe ordnet, aufbaut und aufbraust, muß viel Zerstreutheit, In-sich-versunken-Sein, für die Außenwelt Abgestorben-Sein vorhergehen ... Meine Symphonie wird etwas sein, was die Welt noch nicht gehört hat! Die ganze Natur bekommt darin eine Stimme und erzählt so tief Geheimes, das man vielleicht nur im Traume ahnt! – Ich sage Dir, mir ist manchmal selbst unheimlich zumute bei manchen Stellen, und es kommt mir vor, als ob ich das gar nicht gemacht hätte.

EDWIN FISCHER

An junge Musiker

In der heutigen Zeit vollkommener Technik und Mechanik hat ein nur im rein pianistisch-artistischen Sine gut gespieltes Klavierstück keinen Zweck mehr. Nur innerlich erlebte Kunst, an der Ihre Persönlichkeit schöpferischen Anteil hat, interessiert, wirkt und baut auf. Sie müssen zu sich selbst gelangen.

Um Sie dazu zu bringen, müssen die, die nicht schon einmal gestorben sind, sterben; und zwar den Opfertod aller Eitelkeit, alles Angelernten, Aufgeklebten, Falschen.

Sie müssen dann, wie ein Suchender, leise hinuntersteigen in das Dunkel Ihres tiefsten Seins, dorthin, wo Sie in der Kindheit waren, und dem Rauschen Ihrer Wünsche und Sehnsüchte lauschen, wieder sein wie ein Kind, ein Baum, eine Blume, unverfälscht und echt, hingegeben dem Gefühl vollen Lebens. Und wenn Sie still genug sind, voller Ehrfurcht für den Gott in Ihnen und Ihr Ohr an das Urgestein pressen, um dem heimlichen Ton zu lauschen, der durch alle Welten zieht, wird Er das heilige Feuer der Phantasie aufleuchten lassen, einer Phantasie, die ihre Kräfte aus Ihrem eigenen Sein und Wesen zieht.

Und bist Du demütig und stark zugleich, so schaust Du das Land Deines eigensten Wesens, das Land der reinen Dinge, die Kraft, die Größe, die Schönheit selbst und auch das Leid und die Weichheit und die Verklärung. Und hast Du diese Urbilder in Dich aufgenommen, so laß den Strom Deiner Kräfte aufsteigen in Dein Leben, in Deine Taten, in Deine Kunst und forme nach *Deiner* Phantasie – und das Bild Deiner Schönheit, Deiner Größe, Deine Liebe und Deine Trauer, Deine Hoffnung und Deine Freude wird leuchtend und fruchtbar. Du wirst ein Schöpfer …

Ein schöpferischer Mensch aber in seiner besten Stunde ist göttlich. Wenn es Dir jedoch nicht gegeben ist, Deine innere Vorstellungswelt in eigenen Schöpfungen zu verwirklichen, so findest Du die Werke der großen Meister. Sie sind wie Gefäße, bereit, Deinen Strom zu empfangen. Diese herrlichen Gebilde sind die andere Hälfte Deines Daseins. Umfange sie, belebe sie, ohne ihnen Gewalt anzutun, veredle Dich an ihnen, wachse an ihnen und leihe ihnen, diesen Götterbildern eines geahnten Reiches, die Kraft Deines warmen Lebens.

Doch diese geahnte, geistige Welt bedarf, um in Erscheinung zu treten, der diesseitigen Wirklichkeit. Zwar benutzen wir in unserer Kunst den denkbar entmaterialisiertesten Stoff, schon nicht mehr an unsere Erde gebunden – die Schwingung – doch auch sie will geformt, geschaffen sein. Der Weg vom Urbild über Psyche, Physis, Instrument zum Klang ist weit – und auf jeder der Leidensstationen geht etwas verloren – nur ein Bruchteil des Urbildes kommt zur Erscheinung.

Wenn ich Ihnen auf diesem Wege helfen kann, so tue ich es gerne, damit aus dem Werk und Ihrer Persönlichkeit zusammen ein Neues entstehe, aus dem in Kraft und Reinheit das Ewige leuchte, um dessentwillen zu leben allein sich verlohnt.

YEHUDI MENUHIN

Musik und Meditation

Meditationserfahrung hat mit Gebet, Dichtung und Philosophie zu tun; alle großen Religionen kennen sie.

Auch Musik ist eine Form der Meditation. Anstatt der Mantra kann ich im Geist auch eine Partitur durchgehen. Das ist nicht dasselbe wie Meditation, weil hier Denken und Beschwören von Erinnerungen nicht fehlen, und doch entführt es einen aus der unmittelbaren Welt in den Geist eines großen Komponisten. Ist dieser Komponist ein Mann höchster visionärer Kraft, kann man seine Erfahrungen mit ihm teilen. Es ist ein Lernprozeß. Es ist eine Konzentration und eine Befreiung und ein Sichverströmen. Es hat vieles gemeinsam mit der Meditation und doch ist es nicht reine Meditation. Es hat mir Augenblicke tiefster Emotion, der Ekstase und fast mystischer Freude beschert, Augenblicke tiefer Rührung fast bis zu Tränen. Um aber diese Erfahrung wieder zu erreichen, muß man sich bescheiden mit Kopf und Gefühl dem Intellekt eines anderen Geistes, einem anderen Herzen hingeben, sei es Beethoven, Bartók oder Bach; unter den Dichtern Shakespeare oder Hölderlin; unter den Wissenschaftlern Einstein oder Darwin.

Das eigene Leben und die eigenen Erfahrungen von Glück und Leid dienen dazu, jene tiefere Vereinigung mit Gefühl und Intellekt des Komponisten zu bewirken; denn ohne eigene Erfahrung würden wir nicht recht verstehen können, was er zu sagen versucht. Da ich bereits als Kind musizierte, konnte ich erleben, daß selbst im zarten Kindesalter Erfahrungen nicht immer Wort für Wort und Buchstabe für Buchstabe mühselig gelernt werden müssen, sondern von allein kommen. Es existiert vermutlich bereits im Kind dieses Gefühl für Unendlichkeit, Leid, Freude, Kampf und Träume. Das sind die eigentlichen Elemente des Lebens, die dann später erst ergründet, erfahren, durchlebt werden. Insgeheim aber sind sie gewiß in jeder lebendigen Zelle vorhanden und ebenso gewiß schon im Kind kurz vor der Geburt.

Meditation muß nicht allein im Namen Jesu, Buddhas oder eines anderen geübt werden. Sie kann auch für sich allein sein. Einfach sein. Namenlos.

MICHAEL TIPPETT

Die Musik der Engel

Die Musik der Engel, das heißt, jene Art von Musik, die die Engel bei Christi Geburt zu den Hirten sangen, rückt die Aufmerksamkeit auf die Bedeutung der Zeit in den Mittelpunkt.

Sehr bewegt wurden die die frühen Kirchenväter von den Rätseln: «Was machte Gott vor seiner Schöpfung?» und: «Welcher Art ist das ewige Leben der Heiligen, wenn sie nach der Wiederauferstehung ihrer Leiber in die Ewigkeit eingehen – und alles Zeitliche, und das Universum mit ihm, endet?» Die Fragen sind metaphysisch und die Antworten dementsprechend auch. Aber das Wesentlich am Mythos und am Glauben ist eine Vorstellung, derzufolge Zeit endlich ist – das heißt, mit Anfang und Ende, was ich auch als das Zeitliche bezeichnet habe –, und diese begrenzte Zeit wird Gottes Ewigkeit gegenübergestellt. Diese metaphysische Vorstellung ermöglichte es den christlichen Philosophen dann – und ich denke hierbei besonders an Augustinus – zu erkennen, daß die Frage «Was machte Gott (mit seiner Zeit) vor seiner Schöpfung?» unwirklich ist. Die Zeit begann erst mit der Schöpfung und wird mit ihr enden. Gott ist in der Ewigkeit, nicht in der Zeit.

Aus dieser Dualität ergab sich die Möglichkeit einer Beziehung beziehungsweise eines Dialogs zwischen Gott und der Welt beziehungsweise zwischen Ewigkeit und Zeit. In einem gewissen Sinne ist der Dialog zwischen Gott und der Welt die Dramatisierung der metaphysischen Beziehung zwischen Ewigkeit und Zeit. Und die Musik der Engel ist Teil des Ausdrucks dieses Dramas – wie die Engel selbst tatsächlich auch wichtige Akteure in diesem Drama sind. Und wenn wir diese beiden Gesichtspunkte des Dialogs und der Beziehung im Auge behalten, können wir sagen, daß in der Geschichte von Gottes Umgang mit dem Menschen der nächst zweitdramatischste Augenblick nach der Schöpfung von Universum und Zeit das Hereinbrechen der Ewigkeit in die Zeit durch die Geburt Christi als Gott und Mensch war. Dieser unbeschreibliche Moment des göttlichen Dramas – das heißt, nicht durch den Menschen zu beschreiben – fand eigentlich seinen Ausdruck, als gleichzeitig die Engel den Hirten erschienen. Was die Engel damals sangen, war der Ausdruck von einer winzigen Vision der Ewigkeit – winzig im Verhältnis zur transzendenten Größe Gottvaters.

Ekstase – das heißt das Erkennen des Transzendenten – ist zu gewaltig, um in Worten ausgedrückt zu werden. Sie kann nur in Vokalisen, Schreien oder orgiastischen Wiederholungen von Vokalen ihren Ausdruck finden. Das griechische Wort für diese Bekundungen war «glossolalia». Und Glossolalie, wenn ich dieses Wort entlehnen darf, ist die zentrale Technik, die die Engel bei ihrer Musik verwenden.

Als die Engel zu den Hirten sangen, ließen sie, bevor sie zu einem «Jubilus» mit Vokalen kamen, auch bestimmte Worte deutlich genug vernehmen, so daß die Hirten sie verstehen konnten. Sie sangen: *Gloria in excelsis Deo.* «Ehre sei Gott in der Höhe und Friede auf Erden und den Menschen ein Wohlgefallen.»

Aus verschiedenen Zitaten können wir eine Liste der durchgängigen Charakteristika in der Musik der Engel erstellen. Viele davon finden ihren unmittelbaren, bewußt eingesetzten Widerhall in der christlichen Liturgie. Denn die heilige Musik der Kirche in Welt und Zeit ist ein unvollkommenes Echo der Engelsmusik in der Ewigkeit.

Von Jesaja stammt das *«alter ad alterum», einer rief dem anderen zu,* das bedeutet, daß zwei Chöre beziehungsweise Stimmen abwechselnd miteinander Verse singen. Diese Tradition gibt es noch immer in den «Decani» und «Cantoris» der Chöre unserer englischen Kathedralen.

Auf Johannes von Patmos geht das *«sine fine»* zurück, *sie werden keine Ruhe haben Tag und Nacht:* Hierin ruht die Vorstellung vom ewigen Lobpreisen. In der Welt konnte dies nur durch die Mönche bestimmter Orden seine Entsprechung finden, die ihre Mitglieder in zwölf Gruppen einteilten, die Tag und Nacht jede Stunde in der Klosterkirche sangen. Oder wie Hildegard von Bingen sagte: *«Die Ordensleute versehen den Dienst der Engel, indem sie unablässig, Stunde um Stunde singend dem Gebet obliegen.»*

Musik weist nach oben

Ich glaube sogar, daß dem Menschen kein unmittelbarerer Zugang zum Erahnen des Logos und seines Wirkens gegeben ist als durch die Musik, die von seinem göttlich schöpferischen und ordnenden Wesen tönende Kunde gibt.

Nicht nur musikfremde Naturen mögen es ablehnen, den Begriff der Musik, des musikalischen Schaffens und der nachschöpferischen Aufgaben in eine so hohe Vergleichslinie zu stellen. Man kann im gewöhnlichen Sinne des Wortes musikalisch sein, man kann Musik lieben und sogar mit Talent ausüben, und doch eine höhere als die rein-künstlerische Einschätzung der Musik *verstiegen* finden. Woher aber kommt es, sollten sich solche Skeptiker fragen, daß seit jeher die Musik zu fast jeder bedeutenden gemeinsamen Feierlichkeit im Leben der Völker und insbesondere zu jenen feierlichen Handlungen, deren Sinn über das Irdische hinausweist, herangezogen wurde? Ist uns doch die kultische Verwendung der Musik zum Beispiel bei den Griechen bis zurück zur Zeit Homers bekannt. Diese Wirkung der Musik als Erhöhung der Feierlichkeit kann, glaube ich, nur daraus verstanden werden, daß sie *nach oben* weist; der tröstende Einfluß, den sie auf leidende Menschen ausübt, mag daher rühren, daß der oft als so sinnlos und quälend empfundene *Text* des Lebens – um in Schopenhauers kühner Metapher zu bleiben – in der Deutung durch die *Melodie* als sinnvoll erahnt wird. So ist auch seit jeher die Komposition geistlicher Texte wie der musikalische Teil des Gottesdienstes als eine legitime Anwendung der

Musik betrachtet worden, und selbst diejenigen, die eine andere als die nur ästhetische Einschätzung der Musik ablehnen, dürften die Vertonung geistlicher Texte als *natürlich* und zum Gebiet der Musik gehörend empfinden. Der religiösen Gesinnung ebenso wie der *nurmusikalischen* Einstellung ist denn auch die Verbindung von Musik mit Religion durchaus einleuchtend gewesen. Die Weltbedeutung von Werken wie Bachs Matthäus-Passion oder seiner h-Moll-Messe, Mozarts Requiem, Beethovens Missa Solemnis, Händels Messias, Bruckners Tedeum und so weiter, erwächst nicht nur aus der Bewunderung für ihre besondere künstlerische Höhe, sondern auch aus der allgemeinen Überzeugung, daß das Wesen der Musik dem Religiösen angemessen ist.

LEONARD BERNSTEIN

Und die Musik wird überleben!

Ich kann nicht umhin, zwischen dem häufig verkündeten Tod der Tonalität und dem gleichfalls ausposaunten Gottesuntergang eine Parallele zu ziehen. Ist es nicht merkwürdig, daß Nietzsche jene Botschaft gerade im Jahre 1883 verkündete, im selben Jahr, in dem Wagner starb, der, wie man annimmt, die Tonalität mit ins Grab nahm? Ich möchte Ihnen schlicht vorschlagen, an keinen der beiden Tode zu glauben; tot sind allein unsere eigenen, abgenutzten Begriffe. Die Glaubenskrise, in der wir leben, ist der musikalischen Krise nicht unähnlich; wir werden, wenn wir Glück haben, aus den beiden Krisen mit neuen, freieren Ideen herauskommen, vielleicht mit persönlicheren – oder sogar weniger persönlichen – Vorstellungen, wer kann das sagen? Aber auf jeden Fall mit einer neuen Auffassung von Gott und einem neuen Begriff von Tonalität. Und die Musik wird überleben.

KARLHEINZ STOCKHAUSEN

Elektronischer Gottsucher

In ihrem Werk ist viel von Gott die Rede. Hört Gott Stockhausen?

Da bin ich ganz sicher. Denn er ist der größte Musiker aller Zeiten. Für mich ist nichts denkbar ohne den universalen Geist, der das Ganze lenkt, und ich bin ein Teil dieses Ganzen. Ich bin ein Gottsucher und ein Gotteskind.

Komponieren Sie zum Lobpreis Gottes wie die alten Meister?

Johann Sebastian Bach hat begriffen, daß die Musik ein Klangspiegel dessen ist, was er verehrte. Diese Eigenschaft habe ich geerbt. Die Kunst, Töne zu Gebilden zu formen, die mehr sind als nur Summen von Tönen, also Melodien, Phrasen, Prozesse, ist eine zeitlose Kunst. Deshalb steht ein Komponist in dieser Tradition der Handwerker. Diese Tradition ist stärker als man selbst und auch stärker als der Zeitgeist. Ich fühle mich ganz als Kind dieser Tradition.

Sind Sie ein gläubiger Mensch in einem streng kirchlichen Sinn?

Das bin ich nicht, aber ich kann mir vorstellen, daß jede Religion zumindest die Weise akzeptieren würde, in der ich bete. Ich bete täglich mehrmals, ich lebe in und mit der Natur. Mein Interesse gilt gleichwohl der Welt der Technik und der Forschung, denn ich spüre, daß auch die moderne Welt geheimnisvoll und phantastisch ist. Der Grundton meines Gebets ist daher die Bewunderung der Genialität der Schöpfung.

Gehen Sie in die Kirche?

Manchmal. Wann immer ich in die Nähe einer schönen Kirche komme und nicht gerade einer predigt, setze ich mich hin und bete.

SERGIU CELIBIDACHE

In jedem von uns ein Stückchen Gottheit

Was ist Musik anderes als ein ständig spannungwerdender Prozeß!

Daß das nicht alles ist, das ist auch klar. Man kann phantastisch phänomenologisch denken können, aber ein schlechter Musiker sein. Was ist ein guter Musiker? Der Korrelationsgeist besitzt, der die ganze Artikulation vom Anfang bis zum Ende in der Simultaneität erleben kann. Denn in jedem Augenblick des musikalischen

Werdens muß ich wissen: Ich bin auf dem Wege zum Höhepunkt; oder noch nicht so weit, vielleicht noch so viel, zu wenig von dem, ja vielleicht bin ich auf dem Höhepunkt, nicht zu schnell, denn dann sind die Töne, die ich gar nicht mehr bespannen kann ...

Man kann das nicht erfassen, indem man nur linear denkt (...) Die Größe eines Musikers ist die Fähigkeit, alles was linear läuft, in der Simultaneität zu fassen (...)

Man will originell sein. Aber es kann nie im Leben ein treibender Grund sein, originell zu sein. Jeder Schöpfer ist durch Definition, nicht indem er das denkt, originell, jeder Schöpfer. In jedem von uns steckt ein Stückchen Gottheit, wenn Sie wollen. In jedem. So kann ich auch Ihnen das Herz erwärmen, indem ich wirklich Musik mache ...

GÜNTER WAND

Das Jenseitige im irdischen Musizieren

Wenn ich mich mit den Werken der großen Komponisten beschäftige, versuche ich «abzuschalten», mich von der heutigen politisch-gesellschaftlichen Situation zu distanzieren. Ich möchte ganz einfach die *Musik* darstellen, wie sie gemeint ist. Aber das hat dann eben doch einen Bezug zu den Menschen von heute mit ihren spirituellen Bedürfnissen und unausgesprochenen Ängsten und Sehnsüchten. Musik muß nicht unbedingt ein Gemeinschaftserlebnis sein, aber daß sie ein gemeinschaftsbildendes Phänomen ist, das läßt sich, glaube ich, nicht bestreiten. Ich habe das besonders in den Notzeiten der ersten Nachkriegsjahre vor der Währungsreform 1948 oft und beglückend erfahren dürfen.

Damit ich nicht mißverstanden werde: Ich bin Musiker, ein Priester bin ich nicht! Ich habe ganz andere Aufgaben, auch wenn ich eine innere Verbindung zwischen Kunst und Religion spüre und dies vielleicht auch meinen Musikern und Zuhörern vermitteln kann. Doch Konzerte sind kein Gottesdienst, auch kein Ersatz dafür, selbst wenn sie Erlebnisse innerer Besinnung auslösen können. Die Dimension des Jenseitigen im irdischen Musizieren darzustellen, das ist sicherlich eine der Hauptaufgaben, wenn man mit großer Musik arbeiten darf.

Ich weiß nicht, ob ich das, worum es mir geht, in Worte fassen und anders als durch mein Musizieren verständlich machen kann. Deshalb wird, je älter ich werde, meine Scheu immer größer, mich über diese Dinge zu äußern.

In der praktischen Arbeit mit dem Orchester spielt das natürlich auch eine Rolle. Wenn bei den Proben wir Musiker unter uns sind, bin ich weniger scheu, sogar relativ mutig, sage manchmal Sachen über den Hintergrund der Musik, daß ich mich frage: «Darfst du das eigentlich?» Aber da fürchte ich mich nicht, ausgelacht zu werden, und rede über das, was mir am Herzen liegt und deshalb spontan auf die Zunge kommt. Ich bin auch bisher nicht ausgelacht worden, und Widerspruch habe ich auch noch nicht erlebt. Das wird meist mit Schweigen aufgenommen, aber man merkt hinterher doch dem Musizieren an, daß sie zugehört haben. Die Beschäftigung mit dem, was hinter den Noten steht, hört ja nie auf.

Wer kann uns retten?

Ich glaube an den Menschen. Ich empfinde,
liebe, brauche und schätze den Menschen
mehr als alles andere, mehr als Kunst,
als Naturschönheiten, als organisierte Frömmigkeit
oder nationalistische Bündnisgebilde.
Eine menschliche Gestalt auf einem Bergeshang
kann den Berg für mich verschwinden machen.
Ein Mensch, der für die Wahrheit ficht,
macht mich die Platitüden
von Jahrhunderten vergessen.
Und ein einziges Menschenwesen,
an dem Unrecht verübt wird,
macht für mich das gesamte System,
das dieses zuläßt, ungültig.

*

Es sind die Künstler auf dieser Welt, die Fühlenden und die Denkenden, die uns schlußendlich erretten werden, denn sie sind in der Lage, die großen Träume auszudrücken, zu lehren, herauszufordern, festzuhalten, vorzusingen, herauszuschreien. Nur Künstler können das «Nochnicht» Wirklichkeit werden lassen.

AUGUST EVERDING

Hymnus auf die Kunst

Musik kann uns versetzen – verrücken, ohne uns den Verstand zu rauben und die Sinne überzumobilisieren. Sie kann uns das Universum hören lassen und den Klang unseres eigenen Herzrhythmus', Dichtung kann uns Welten sehen lassen, die es nicht gibt, sie kann uns Menschen vorführen, die wir sonst niemals kennengelernt hätten. Malerei kann uns in Gegenden verleiten, deren Weite, Schönheit und bizarre Abstrusität unsere Phantasie zu Spielen verlockt, derer wir uns nicht fähig glaubten. Diese Erlebnisse lassen uns leben, lassen uns übersteigen, lassen Zeitlichkeit vergessen und Zeit besser zeitigen. Das macht uns vielleicht verstiegen, aber diese Hintertreppe ist zielstrebiger als das maulfeile Hauptportal.

Kunst führt zu Erkenntnissen, die das Geheimnis übersteigen. Kunst gebraucht die Gefühle als Leiter, um dann frei zu schwingen, nicht im luftleeren, sondern im lustvollen Raum. Kunst macht nicht besoffen, sie bringt mich zur berauschenden Klarheit, sie läßt den Menschen fühlen, wozu er fähig wäre und fähig ist. Kunst läßt Schicksale erleben und erleiden, deren Grausamkeit und Glück unser Bürgersinn sich nicht vorstellen kann. Kunst macht uns Verbrecher und Apostel verstehen, läßt uns «Halleluja» und «Crucifige» schreien. Kunst enthüllt und verhüllt zugleich. Sie entlarvt und macht gesittet durch Gesinnung. Kunst macht aus Kreaturen Menschen.

Es gibt keine Primär- und Sekundär-Kunst, keine Elite-Kultur und die Alternative dazu, es gibt keine

U- und E-, keine niedere und höhere Kultur. Es gibt sie als Gabe und Begabung, als Muß und als Spiel, als Not und Befreiung. Sie verdammt, löst und erlöst. Sie fordert Können und erfordert Pflicht. Sie ist das menschliche Geheimnis, das uns glauben läßt, daß wir doch nicht nur Evolution, sondern geschöpft sind. Geschöpfte Geschöpfe, die schöpfen.

NIKOLAUS HARNONCOURT

Was wären wir ohne Gottes Liebeshauch?

Wir Musiker – ja alle Künstler – haben eine machtvolle, heilige Sprache zu verwalten. Wir müssen alles tun, daß sie nicht verlorengeht im Sog der materialistischen Entwicklung. Es ist nicht mehr viel Zeit, wenn es nicht gar schon zu spät ist, denn die Beschränkung auf das Denken und die Sprache der Vernunft, der Logik, und die Faszination durch die damit erzielten Fortschritte in Wissenschaft und Zivilisation entfernen uns immer weiter von unserem eigentlichen Menschentum. Es ist wohl kein Zufall, daß diese Entfernung mit einer Austrocknung des Religiösen Hand in Hand geht: die Technokratie, der Materialismus und das Wohlstandsdenken brauchen keine Religion, kennen keine Religion, ja nicht einmal eine Moral.

Die Kunst ist eben keine hübsche Zuwaage – sie ist die Nabelschnur, die uns mit dem Göttlichen verbindet, sie garantiert unser Mensch-Sein; aber nur, solange sie im Zentrum unseres Lebens steht. Es genügt nicht, das

Gewissen mit ein paar Gnaden-Subventionen oder ein paar Aufträgen für «Ausgestaltung» zu beruhigen. Wesentlich wäre es, die «Sprache des Herzens», die andere, alogische, phantastische Denkweise, zu pflegen – Kunst wieder ganz zentral in die Erziehungsprogramme, in die Lehrpläne aufzunehmen, wo sie jahrhundertelang ihren Raum innehatte; und nicht sie als erstes zu streichen, wann immer Raum gesucht wird für im Grunde nebensächliche Information. Hier liegt ganz bestimmt eine der wichtigsten Aufgaben der Politiker, aber es ist im Grunde unser aller Verantwortung. Wenn unsere Kinder diese Sprache nicht mehr lernen, geht sie, wohl für immer, verloren – man kann sie dann nicht mehr aktivieren, wenn man zu spät einsieht, daß man leichtfertig, blind, das Beste weggeworfen hat, das uns Menschen geschenkt wurde. Wir entwickeln uns dann wohl rasant zu dem schlimmen, herzlosen Raubtier, das wir ohne Gottes Liebeshauch wären.

Quellen

Gidon Kremer: Obertöne, S. 13. © 1997 Residenz Verlag, Salzburg und Wien.

Christa Ludwig: Aus einem Interview mit der Zeitschrift «FonoForum» (Heft 11/1994, S. 30f.). © FonoForum.

Edwin Fischer: Musikalische Betrachtungen, S. 14f. © 1949 Insel Verlag, Frankfurt/M.

Bruno Walter: Von der Musik und vom Musizieren. S. Fischer Verlag, Frankfurt/M 1957, S. 22.

Maria Callas: Aus: Claire Alby u. Alfred Caron: Maria Callas – ihre Stimme, ihr Leben, S. 107. © alle deutschsprachigen Rechte 1998 Scherz Verlag, Bern, München, Wien.

Alfred Brendel: Nachdenken über Musik. © 1977 Piper Verlag GmbH, München (TB-Ausgabe 1982, S. 170f.).

Yehudi Menuhin: Aus einem Interview mit der Zeitschrift «FonoForum» (Heft 4/1996, S. 35). © FonoForum.

Luciano Pavarotti: Meine Welt – mein Leben, S. 387f. © 1995 Kindler Verlag, München.

Albert Schweitzer: Deutsche und Französische Orgelbaukunst und Orgelkunst (1906), S. 38. © 1983 Verlag Breitkopf & Härtel, Wiesbaden und Leipzig.

Charles-Marie Widor: Aus dem Vorwort zu seinen Orgelsymphonien (op. 13 und 42), Paris 1887.

Louis Vierne: Zit. nach Günter Lade: Louis Vierne. Vision – Tragik – Genie. Ein Lebensbild, in: Peter Reifenberg u. Wolfram Adolph (Hg.): Musik – Genie – Ethik. Albert Schweitzer, Charles-Marie Widor, Louis Vierne (= Mainzer Perspektiven – Orientierungen 2), Mainz 1996, S. 188.

Kim Kashkashian: Aus einem Interview mit der Zeitschrift «FonoForum» (Heft 9/1993, S. 43). © FonoForum.

John Eliot Gardiner: Aus einem Interview mit der Zeitschrift «FonoForum» (Heft 4/1998), S. 32. © FonoForum.

Glenn Gould: Von Bach bis Boulez. Schriften zur Musik I. Hg. und eingel. von Tim Page, S. 24f. © 1986 Piper Verlag GmbH, München.

Anne-Sophie Mutter: Aus einem Interview mit der Zeitschrift «FonoForum» (Heft 9/1996, S. 37). © FonoForum.

Michael Gielen: Dirigent, Komponist, Zeitgenosse (hg. von Paul Fiebig), S. 145. © 1997 Verlag J. B. Metzler, Stuttgart u. Weimar. Aus einem 1986 von Sigrid Neef geführten Gespräch mit Michael Gielen und Ruth Berghaus über die Möglichkeiten von Oper in dieser Zeit.

Yehudi Menuhin: Kunst als Hoffnung für die Menschheit. Reden und Schriften. Ausgewählt, eingeleitet und aus dem Englischen übersetzt von Horst Leuchtmann. © 1986 Piper Verlag GmbH (TB Serie Musik, München 1986, S. 114 f.).

Alfred Schnittke im Gespräch mit Julia Makejawa und Gennadi Zypin, in: Sowjetische Musik im Licht der Perestroika. Interpretationen, Quellentexte und Komponistenmonographien. Hg. von Hermann Danuser, Hannelore Gerlach u. Jürgen Köchel, S. 277ff. © 1990 Laaber Verlag, Laaber. Russisch in: Sowjetskaja Musyka 10/1988.

Olivier Messiaen: La Cité céleste – Das himmlische Jerusalem. Über Leben und Werk des französischen Komponisten. Hg. von Thomas Daniel Schlee u. Dietrich Kämper, S. 131 (mit dem Faksimile des französischen Originals). © 1998 Wienand Verlag Köln.

Nikolaus Harnoncourt: Die Macht der Musik. Zwei Reden, S. 31 f. © 1993 Residenz Verlag, Salzburg und Wien.

Petr Eben: Aus: Kateřina Vondrovicová: Petr Eben. Leben und Werk. © 1999 Verlag Schott Musik International, Mainz.

Albert Schweitzer: Antwort auf eine Bach-Umfrage («Was ist mir Johann Sebastian Bach und was bedeutet er für unsere Zeit?») der Zeitschrift «Die Musik», 5. Jg, Bd. XVII, Heft 1 (1905/06), S. 75 f.

Helmuth Rilling: Gedanken zur Musik (mit 2 CDs, vollständiger Diskographie und einem Vortrag von Martin Petzoldt), S. 13 f. © 1998 Internationale Bachakademie Stuttgart.

Ton Koopman: Aus einem Interview mit der Zeitschrift «FonoForum» (Heft 4, 1995, S. 43 ff.). © FonoForum.

Hans Werner Henze: Essays, S. 6 f. © 1964 Verlag Schott Musik International, Mainz.

Günter Wand: So und nicht anders. Gedanken und Erinnerungen (hg. von Wolfgang Seifert), S. 15 ff. © 1998 Hoffmann und Campe Verlag, Hamburg.

Edwin Fischer: Musikalische Betrachtungen, S. 52ff. © 1949 Insel Verlag, Frankfurt/M.
Dietrich Fischer-Dieskau: Die Welt des Gesangs. © 1999 Verlage Metzler, Stuttgart; Bärenreiter, Kassel.
Martin Mumelter: Ums Leben spielen. Vom Umgang mit Musik, S. 33f. © 1994 Verlag Ursula Müller-Speiser, Anif/ Salzburg.
Helmuth Rilling: Gedanken zur Musik (mit 2 CDs, vollständiger Diskographie und einem Vortrag von Martin Petzoldt), S. 97. © 1998 Internationale Bachakademie Stuttgart.
Otto Klemperer: «Anwalt guter Musik». Texte aus dem Arbeitsalltag eines Musikers, Berlin, S. 114ff. © 1993 Henschel Verlag in der Dornier Medienholding, Berlin.
Benjamin Britten: Komponist sein ... (Eine Schulfunksendung). Aus: Musik der Zeit. Eine Schriftenreihe zur zeitgenössischen Musik, Heft 7 (hrsg. von Heinrich Lindlar), S. 10. © Verlag Boosey & Hawkes GmbH, Bonn, S. 10.
Arnold Schönberg: Vorwort zu Anton Weberns «Sechs Bagatellen für Streichquartett op. 9». © Universal Edition A.G., Wien.
Frank Martin: A propos de ... Commentaires de Frank Martin sur ses œuvres. Publiés par Maria Martin, S. 193f. © 1984 Editions de la Baconnière S. A., Neuchâtel (CH).
Olivier Messiaen: Aus einem Interview mit Jean-Christophe Marti; zit. nach dem Programmbuch der Internationalen Musikfestwochen Luzern 1998, S. 96ff. © L'avant-scène opéra, Paris.
Dieter Schnebel: Anschläge – Ausschläge. Texte zur Neuen Musik, S. 232f. © 1993 Carl Hanser Verlag, München und Wien.
Helmut Lachenmann: Musik als existentielle Erfahrung. Schriften 1966–1995 (hg. und eingel. von Josef Häusler), S. 114f. © 1996 Verlag Breitkopf & Härtel, Wiesbaden.
Pierre Boulez: Aus einem Interview mit der Zeitschrift «FonoForum» (Heft 3, 1995, S. 28f.). © FonoForum.
Alban Berg: Bildnis im Wort. Selbstzeugnisse und Aussagen der Freunde. Hg. von Willi Reich, S. 18f. © 1959 Verlags AG Die Arche, Zürich.
Sergiu Celibidache: Man will nichts – man läßt es entstehen.

Texte zum Film. Hg. von Jan Schmidt-Garre, S. 15 f. © 1992 Verlag PARS, München.

Hans Zender: Wovon spricht die Sprache der Musik? Rede zur Verleihung des Goethe-Preises 1997, in: Sinn und Form. Beiträge zur Literatur. Hg. von der Akademie der Künste (50. Jg. 1998, 1. Heft), Aufbau Verlag Berlin, S. 43. © beim Autor.

Isaak Stern: Aus einem Gespräch in der Süddeutschen Zeitung mit Johanna Adorján (2. Oktober 1998, S. 15). © Johanna Adorján.

Wolfgang Rihm: Was ist Musik? Aus einem Briefwechsel mit Hans Heinrich Eggebrecht. Aus: Wolfgang Rihm: ausgesprochen. Schriften und Gespräche Bd. 1 (hg. von Ulrich Mosch), Amadeus Verlag, Winterthur 1997 (seit 1998 Verlag Schott Musik International, Mainz), S. 148 f. © beim Autor und der Paul Sacher Stiftung, Basel.

Leonard Bernstein («Kunstwerke beantworten keine Fragen»): Erkenntnisse. Beobachtungen aus fünfzig Jahren, S. 151. Ders. («Was haben wir Künstler»): ebd. S. 237 f. © 1983, Albrecht Knaus Verlag GmbH, München.

Leonard Bernstein («Der Kunstliebhaber»): Freude an der Musik, S. 10. © 1992 Wilhelm Goldmann Verlag München.

Igor Strawinsky: Erinnerungen. Schweizer Verlagshaus, Zürich. © Atlantis-Musikbuchverlag.

Yehudi Menuhin: Kunst als Hoffnung für die Menschheit. Reden und Schriften. Ausgewählt, eingeleitet und aus dem Englischen übersetzt von Horst Leuchtmann. © 1986 Piper Verlag GmbH (TB Serie Musik, München 1986, S. 210).

Daniel Barenboim: Musik – Mein Leben. Hrsg. und ins Deutsche übertragen von Michael Lewin, S. 88 ff. © 1991 Rowohlt Verlag, Reinbek bei Hamburg.

Arthur Schnabel: Aus dir wird nie ein Pianist, S. 279 u. 282. © Wolke Verlag, Hofheim/Taunus.

Viktor Ullmann: Der fremde Passagier. Tagebuch in Prosa. Hg. u. eingel. von Vlasta Benetková, in: Viktor Ullmann. Materialien. Hg. von Hans-Günter Klein, von Bockel Verlag, Hamburg 1992, S. 98 ff. © Verlag Schott Musik International, Mainz. (Vgl. den Band: Viktor Ullmann. Beiträge, Programme, Dokumente, Materialien. Schriftenreihe der Internationalen Bachakademie Stuttgart. Hg. von Ulrich

Prinz, Band 9, Bärenreiter Verlag Kassel u. a. 1998, S. 45.

Arvo Pärt: Verschiedene Texte; vom Autor für diese Publikation durchgesehen. © Archiv der Universal Edition A.G., Wien.

Sofia Gubaidulina («Das wichtigste Ziel»): Komponistenmonographie, in: Sowjetische Musik im Licht der Perestroika. Interpretationen, Quellentexte und Komponistenmonographien. Hg. von Hermann Danuser, Hannelore Gerlach u. Jürgen Köchel, S. 347. © 1990 Laaber Verlag, Laaber.

«... mir scheint, daß außer mir etwas existiert, das mir hilft und mir etwas zu sagen hat» (zweiter und dritter Text): aus einem Gespräch mit Michael Kurtz, in: Brunhilde Sonntag und Renate Matthei: Annäherung IV an sieben Komponistinnen. Mit Berichten, Interviews und Selbstdarstellungen, S. 53 ff. © 1988 Furore Verlag, Kassel (Furore Edition 827) 1988.

«Als sich die Menschen»: Michael Kurtz: «Und die Musik hat sich auf natürliche Weise mit der Religion verbunden». Ein Hinweis auf die russisch-tartarische Komponistin Sofia Gubaidulina, in: Das Goetheanum. Wochenschrift für Anthroposophie, 77. Jg. (1998), Nr. 18, S. 262. © Michael Kurtz.

Pablo Casals: Aus: Musik und Erleuchtung. Der Weg der großen Meister. Hg. von Klaus Derick Muthmann. Verlag Max Hieber, München 1984, S. 511 u. 611.

Nikolaus Harnoncourt: Die Macht der Musik. Zwei Reden, S. 7 f. © 1993 Residenz Verlag, Salzburg und Wien.

Claude Debussy: Monsieur Croche. Sämtliche Schriften und Interviews. Hg. von François Lesure, S. 304 f. © 1974, 1982 Verlag Philipp Reclam jun., Stuttgart.

Gustav Mahler. Zit. nach: Jost Perfahl: Paradies aus Klängen. Gedanken über Musik, München 1990, S. 71 u. 87 f.

Edwin Fischer: Musikalische Betrachtungen, S. 9 ff. © 1949 Insel Verlag, Frankfurt/M.

Yehudi Menuhin: Kunst als Hoffnung für die Menschheit. Reden und Schriften. Ausgewählt, eingeleitet und aus dem Englischen übersetzt von Horst Leuchtmann. © 1986 Piper Verlag GmbH (TB Serie Musik, München 1986, S. 227 f.).

Michael Tippett: Essays zur Musik (hg. von Meirion Bowen), S. 268 ff. (mit einigen Auslassungen). © 1998 Verlag Schott

Musik International, Mainz. © 1995 der englischen Originalausgabe unter dem Titel «Tippett on Music» bei Oxford University Press.

Bruno Walter: Von der Musik und vom Musizieren. S. Fischer Verlag, Frankfurt/M 1957, S. 22.

Leonard Bernstein: Von der unendlichen Vielfalt der Musik, S. 15. © 1984 Wilhelm Goldmann Verlag GmbH, München.

Karlheinz Stockhausen: Aus einem Interview, in: Felix Schmidt: Hat man Töne? Portraits bedeutender Musiker unserer Zeit, S. 85 f. © 1994 Kindler Verlag, München. – Der vollständige Wortlaut erscheint in der Ausgabe sämtlicher Stockhausen-Texte mit dem Titel «TEXTE zur MUSIK» beim Stockhausen-Verlag, D-51515 Kürten (Fax: 02268/1813).

Sergiu Celibidache: Aus: Matthias Fischer, Dietmar Holland u. Bernhard Rzehulka: Gehörgänge. Zur Ästhetik der musikalischen Aufführung und ihrer technischen Reproduktion. Mit Beiträgen von Sergiu Celibidache und Glenn Gould, S. 136 f. © 1986 P. Kirchheim Verlag, München.

Günter Wand: So und nicht anders. Gedanken und Erinnerungen (hg. von Wolfgang Seifert), S. 464 f. © 1998 Hoffmann und Campe Verlag, Hamburg.

Leonard Bernstein: Erkenntnisse. Beobachtungen aus fünfzig Jahren, S. 76 u. 200. © 1983 Albrecht Knaus Verlag GmbH, München.

August Everding: Ein Jahr liegt vor uns – ein Atemhauch – eine Ewigkeit, aus: Zur Sache, wenn's beliebt! Reden, Vorträge und Kolumnen. Wilhelm Heyne Verlag, München 1996, S. 249 f. © Welt am Sonntag, Hamburg.

Nikolaus Harnoncourt: Die Macht der Musik. Zwei Reden, S. 31 f. © 1993 Residenz Verlag, Salzburg und Wien.

«Jedem, der die Musik liebt,
sei dieses Werk ans Herz gelegt.»
(Deutsches Allgemeines Sonntagsblatt)

Da berühren sich Himmel und Erde
Musik und Spiritualität

Eine Anthologie
Herausgegeben von Michael Fischer

Annäherungen an die spirituelle Dimension
der Musik in inspirierenden Texten von der Antike
bis zur Gegenwart:
Augustinus, Hildegard von Bingen, Martin Luther,
Angelus Silesius, E.T.A. Hoffmann, Hermann Hesse,
Reiner Kunze, Joachim Ernst Berendt.

208 Seiten, gebunden mit Schutzumschlag
ISBN 3-545-20140-6

Benziger Verlag
Zürich und Düsseldorf